日本も世界も
マスコミはウソが9割

出版コードぎりぎり
［FACT対談］

非暴力ネット・ジャーナリスト
リチャード・コシミズ
米経済誌「フォーブス」元アジア太平洋支局長
ベンジャミン・フルフォード

SEIKO SHOBO

第1章 山口組大分裂が物語る——2016年・東京テロの危険性

第2章

安倍晋三の正体――その卑しい人間性の背景

第3章

世界は大宗教戦争に突入した！ カオス化するイスラム情勢

第4章

法治国家とは名ばかり！ この日本で平然とまかり通る不正選挙

第5章

核テロの恐怖――阪神大震災から9・11、3・11まで

第6章 日本を陰から支配する北朝鮮はCIAの別働隊である

第7章 世界に頻発する「やらせ」と「捏造テロ」の実態を全部、話す！

第8章

ついに分かった「闇の支配者」の正体と野望

装幀／フロッグキングスタジオ
写真提供／株式会社ワンダー・アイズ

第1章
山口組大分裂が物語る――2016年・東京テロの危険性

２０１６年——。この混迷の時代をどう生き抜くか。

そこで最も大切となるのが「ＦＡＣＴ」であろう。

真実には「事実」の積み重ねからでしか辿り着かないからである。

間違った情報では誤った結論となる。

権力者たちは、常に自分たちに都合よく情報を操作して騙そうとする。

大衆は騙されていることにすら気づかず、利用される。

いかにして「ＦＡＣＴ」を知るのか。その「ＦＡＣＴ」をどう伝えるのか。

本書は、その「ＦＡＣＴ」を求めて戦う二人のジャーナリストの対談集である。

ベンジャミン・フルフォード。金融ジャーナリストとして世界の「マネー」の流れを追ってきた。

人間の欲が吹き溜まり、虚実ない交ぜとなった異常な世界を渡り合うなかで、誰よりも「ＦＡＣＴ」の重要性を知っているジャーナリストといっていい。

リチャード・コシミズ。商社マンから２００６年に転身した「遅れてきたジャーナリスト」が得意とするのは、膨大な情報のなかから「事実」を見抜く分析力だ。嘘と捏造が渦巻く情報の海の「潮目」を読むことに長けているのは、商社マンだった前職の持ち味であろう。

その二人が「テレビでは語れない」とっておきの情報を縦横無尽に語り尽くすイベントが「FACT」である。都内で月に一度開催して人気を博している。

本書は、この対談をベースにした対談集だが、第1章から第3章までは、さらに二人に追加取材を行い、最新情報をたっぷりと掲載した特別編集バージョンとなっている。

2016年は、いったい、どうなるのか？

何が起きるのか？

二人の口からは驚くべき情報が飛び出す。

――2016年夏、東京で同時多発テロが起こる!?

しかもパリ八百長テロ同様、安倍政権が関与する「やらせ」で無辜の国民を犠牲にしようとしている可能性が高いという。

この「FACT」は、どのような情報を積み重ねて導き出されたのか。

たっぷりと紹介していきたい。

「パリのテロは完全なヤラセ、八百長テロです」

ベンジャミン・フルフォード（以下ＢＦ）　そうそう、コシミズさんが緊急出版した新刊『パリ八百長テロと米国１％の対日謀略』（２０１５年12月25日、成甲書房刊）で暴露した「パリ同時多発テロは八百長」という指摘は、まさにその通り。ボクもヤラセであると確信しています。

リチャード・コシミズ（以下ＲＫ）　ありがとうございます。おかげさまで好評すぎて、さっそく「流通テロ」をやられてしまいました。妨害工作ですね。発売前からアマゾンの「国際情勢」の部でトップを独走、発売後も順調な売れ行きだったのに、年が明けてしばらくするとぱたりと勢いが止まった。書店さんからの発注がなぜか止まったのです。

通常、本は、その店で売れると追加注文が来ます。当たり前ですね、売れているのですから。それが、売れているのになぜか店が注文を出さないのです、不思議なことに。

ＲＫ理論（リチャード・コシミズ理論）を知ってほしくない連中が、裏でこそこそ動きまくって圧力をかけているのでしょう。逆に言えば、この本がいかに「真実」をついているのか、その証明でもありますね。

この本を緊急出版したのは、あんな八百長を「本当のテロ」と簡単に信じ込んでしまう人が残念ながら世の中には本当にたくさんいるだろう、と。大手メディアがそう報じているのだから、映像を見たから、という理由だけで。その大手メディアが映像を捏造《ねつぞう》しているなんて、とても想像できないんです。そこで真実を伝えたかったのです。

BF　コシミズさんに対抗するつもりはないんですけど、ボクも今年2016年の夏にかけて八百長テロが起きるんじゃないか、そう考えています。

RK　えっ、どこで⁉

BF　ずばり、東京です。構図はパリ八百長テロと一緒。とくに2016年夏（7月）の参院選の直前が非常に危ないと思う。おそらく安倍政権は、そのテロを毅然としたポーズで鎮圧して参院選での圧勝を目論《もくろ》んでいるわけです。

RK　テロを起こす側の目的、狙いはなんだと考えますか？

BF　まず東京オリンピック関連の巨大利権。2015年末、日本政府は「パリ同時多発テロ」を理由にした対策費を含めて、東京オリンピックの運営予算を当初の6倍、1・8兆円を見込んでいると発表しました。つまり、最大で「1・5兆円」をテロ対策費として計上した。ここが一つ、大きな利権となっている。というか、利権を無理やり作りあげたといっていい。

この上乗せした利権を国民に受け入れさせるには、実際に「テロ」が起きなければならない。しかも参院選前なら、まさに一石二鳥となる。

当然、この利権に食い込みたい連中がいる。

それが「YAKUZA」。日本の暴力団です。彼らは暴対法（暴力団対策法）で、徹底的に締め上げられ、今までのようなシノギ（商売）ができなくなっている。彼らが生き残るには、当面、「テロ対策」を名目にした警備関連、工事建設関連しかない。

RK ヤクザがテロを起こす、と？

BF いや、ヤクザには技術的・能力的に無理でしょう。実行するのはパリ八百長テロのようにプロがやる。その手引き、補助として、トカゲのしっぽ、つまり、実際に逮捕される連中としてヤクザが利用されるのではないか、と考えています。そして、その見返りに1・5兆円のオリンピック利権に暴力団が食い込む。

ここで重要なのは、山口組の分裂です。日本最大、世界最大級のマフィア組織が、どうして分裂したのか？　この「ありえない」状況がどうして起こったのか？　その結果として東京で同時多発テロという「ありえない」事件が起きようとしているんです。

RK 事実、世界中で「ありえない」ことが次々と起こっている。「ありえない」ことなど「ありえなくなった」。それが2016年という、とてつもない時代のターニングポイントの大きな特徴なのでしょう。

「中東シリアの動乱と山口組分裂には意外な関係があります」

BF　「ありえない」ことなど「ありえない」。それを一番、実感したのが中東情勢です。知ってますか？　中東のシリア周辺では、最前線で米軍、ロシア軍、中国軍、イラン軍が協力しあって、トルコ、イスラエル、サウジアラビアを攻撃しています。

RK　（苦笑いしながら）いま、ベンジャミンさんが話した内容は、数年前、いや、2年前の2014年でさえ「頭は大丈夫か？」と心配されていたはず。まったく、びっくりするような状況が、平然と起きる。その情報整理にこっちも頭が痛いくらいです。

BF　不倶戴天《ふぐたいてん》の敵同士がくっついて、かつての味方・仲間を攻撃している。「いよいよ時代は変わりそうだ」と強く感じています。

アメリカはイスラエルとトルコに配備していた地対空ミサイルのパトリオットを引き揚げ、その代わりにロシア軍が地対空ミサイルを配備した。これでサウジ、イスラエル、トルコの空軍機は一切、シリア上空を飛べなくなった。ようするに、この3軍の空軍機を締め出すために、アメリカはわざとパトリオットを引き揚げたんです。そうすればロシア軍は「自軍」を守るという名目で、堂々と地対空ミサイルを持ち込めるから。完全な出来レースです。互いの軍もトップは了承していたはずです。

　米軍のパトリオットは、NATO（北大西洋条約機構）仕様。つまり、NATO加盟国であるトルコ、米軍の同盟国のイスラエル、サウジアラビアは「味方」と認識する。この3カ国にすれば、米軍の地対空ミサイルはロシア、中国、イランを攻撃する「味方」。逆にロシアの地対空ミサイルはイラン機、中国機を「味方」と認識して、NATOのトルコ、アメリカ同盟国のイスラエルとサウジは敵と認識する。

　つまり、シリア上空では、パトリオットからロシア製ミサイルになった結果、「レッドチーム（敵）」と「ブルーチーム（味方）」の識別信号が真逆になったわけ。当然、ロシアはアメリカに対して「コード」（識別信号）を極秘に渡して米軍機を撃墜しないようにしているのでしょう。

　もともと米軍、ロシア軍ともに、相手のロシア機、米軍機は撃墜しないよう、地対空ミサイルには「ガード」をかけているんです。だから米軍機が飛んでいてもロシアの地対空ミサイルは攻撃しないんですよ。

RK　まあ、この米露の空軍機が、偶発や事故だとしても撃墜されたりしたら、大戦争に発展しかねませんからね。そうした対処は最初からしているわけだ。

BF　ところが、この米・ロ・中・イランの関係は、軍事面で利害が一致して協力し合っていますが、別の側面、経済や金融では、また組み合わせが変わってくる。それが実に厄介といいますか、今、起こっている情勢がわかりにくい理由でしょう。

シリア動乱は、2010年末のチュニジアに端を発する「アラブの春」から続いている。で、そのアラブの春の要因は何かといえば、2008年秋のリーマンショックであり、そのリーマンショックは2001年の9・11へとさらに遡れる。区切りが難しいんですよね。

いずれにせよ、2016年現在、中東に軍を展開しているのはアメリカ、ロシア、イギリス、フランス、トルコ、エジプト、シリア、イラン、イラク、サウジアラビア、レバノン、イエメンなど。これらが入り乱れて戦っているのが「現実」です。

RK そんな第三次世界大戦といっていい情勢下、幸か不幸か、日本は、この混乱から取り残されて一種の「無風」状態が続いていました。2015年でいえば、安倍政権が戦争に参加できるよう安保法制の成立に躍起になっていた程度で……。

BF で、最初の話に戻るんですが、そんな無風状態の日本で、唯一、キナ臭い事件が山口組の分裂騒動だったわけです。そして山口組分裂が起こった背景に、世界情勢の激変の余波があったと考えていかなければ説明がつかないんです。

〔解説〕山口組の分裂騒動

山口組6代目組長を襲名した名古屋・弘道会《こうどうかい》の司忍《つかさしのぶ》体制に不満を抱いていた関西の山健組《やまけんぐみ》を

筆頭とする諸団体が2015年8月、新組織「神戸山口組」を結成、構成員2万3400人を誇った日本最大の広域暴力団は、事実上、分裂した。

RK 確かに。この分裂騒動で多くのジャーナリストがいろんな記事やスクープ情報を報じてきたものの、たいてい、組織内の権力抗争という枠組みから抜け出せていません。だから、いまいち、ピンとこないんですよ。

その点、ベンジャミンさんは名著『ヤクザ・リセッション』を世に問うたジャーナリスト。とくに日本の暴力団の一部が、米国CIAの下請け、非合法な活動をしてきたという指摘は、日本のジャーナリストには無い視点で実に衝撃的でした。

これまでヤクザは、政財官の「鉄のトライアングル」の下請けとされていたのに、ベンジャミンさんだけが「政財官＋暴」はすべてアメリカの下請けであって、その上下関係は政財官の下ではなく並列としました。13年前の2003年に刊行された本ですが、今でも新鮮な驚きがあります。

BF ありがとうございます。暴力団の一部は、日本におけるCIAの非合法工作の実働部隊で、要人の暗殺や隠蔽《いんぺい》工作に従事してきました。これは戦後、諜報機関を解体された結果、そうした活動を行える組織が暴力団ぐらいしかなかったこと、また暴力団が非合法活動の隠《かく》れ蓑《みの》にうってつけだったからです。ヤクザがCIAの下請け、FBIの下請けが警察、これは公安。で、米軍の下請けが自衛隊といった構図ですね。

RK　日本の「暴力装置」、いわば武力・武装勢力はすべてジャパン・ハンドラーによって牛耳《ぎゅうじ》られてきた。これが日本国民に厳重に隠蔽されてきた「闇の戦後史」です。

BF　外国人だった当時のボクからすれば、繁華街のど真ん中にヤクザが堂々と代紋《だいもん》を掲げて組事務所を構えているのが信じられなかった。

「ヤクザって、アメリカでいえばマフィアだよね。犯罪者も多いはずなのに、どうして警察は逮捕しないの？　マフィアのように隠れているわけでなくて組事務所に行けばいるんだから簡単に捕まえられるでしょ」

普通、びっくりしますよ。日本はいったい、どうなっているんだって。

だから、ヤクザの裏には何かある、しかも、その裏は日本の国家権力が手出しできない「何か」があるんじゃないか、と。ちょうどバブル崩壊を取材していたので、そこが入り口になってヤクザの「本当の実態」をレポートしたわけです。

RK　ヤクザがジャパン・ハンドラーと深く関わっているのは、ヤクザの中核が「同和」「在日」という点からも理解できます。だからこそ日本のメディアは、「同和」と「在日」をタブー視し、事実上、このテーマを報道できなくしてきました。今回の山口組分裂騒動でも、この点に突っ込んで取材した記事はない。

国家に反逆的な意識を持つマイノリティ勢力を使って国民全体を支配する方法は、典型的なユダヤの手口。その背景には、当然、米国1％の勢力がいることがわかります。

BF　ええ。分裂前までは、その認識で間違いない。問題は、どうして山口組が分裂したのか。ようするに、構成団体の親分衆・幹部クラスが分裂したからというのが「答え」。親分衆が割れれば、当たり前だけど、子分も割れる。実は、それだけのことなんです。つまり、ヤクザの親分筋であるＣＩＡ自体が「２０１５年夏」に完全に分裂した。山口組分裂は、むしろ、ＣＩＡの分裂の証拠という側面で見るべきなのです。

ＣＩＡの分裂は、いくらでも証拠や証言があります。

〔解説〕ＣＩＡ分裂か!?

膨大な資金と豊富な人脈を駆使して世界各地で活動、日本でも政財官界・言論界を動かしているＣＩＡが和平派と好戦派に内部分裂しているという情報が２０１５年に駆けめぐった。軍産複合体配下の好戦派はイスラエル政府と連携して中東地域の混乱を助長させて泥沼化させ、自らの権益の拡大を図っている。他方で、ホワイトハウスに忠実な和平派はネオコン派の過去の悪行を暴く内部文書を公開するなど徹底した抵抗を示しているとされる。

BF　もともとCIAには組織的に二つの命令系統があった。一つは国務省、もう一つがペンタゴン、国防総省です。「平時」の対外工作として国外での任務を担う国務省がCIAを使い、「戦時」になればペンタゴンがCIAを動かす。別に難しい話じゃない。たとえば無人攻撃機（ドローン）のプレデター機（MQ－1）は、SOCOM《ソーコム》というアメリカの特殊作戦軍が運用しますが、現場の情報収集や指揮はCIAのエージェントがやっています。戦争中ならばCIAに指示するのがペンタゴンとなり、「テロリスト暗殺」といった名目で使うときは国務省が指示を出す。

　CIA分裂は、私たちが長年テーマにしてきた「闇の支配者」、最近、ボクは「オリガルキー」「寡頭資本家」と呼んでいますが、そうした勢力が分裂した何よりの証拠となる。山口組分裂の本質は、この寡頭資本家勢力の分裂にあるんですよ。

「米国1%、CIA、その下っ端のヤクザやカルト」

RK　僕にとって「闇の支配者」というのは、まず、「米国1%」、これはディビッド・ロックフェラーを中核とするユダヤ金融資本です。ウォール街の金融機関をはじめ、マイクロソフトやフェイスブックなどのIT系やカーギルなどの食糧メジャー、セブンシスターズなどのエネルギーメジャー、ファーマなどの医薬品メジャーといった、アメリカの軍事力を背景に世界の富をかき集めて独占してきた連中で、だいたい100万人いる。この米国1％の勢力がTPPの勢力と思えば日本人にはわかりやすいでしょう。この下っ端にCIAを通じてヤクザやカルトがある。そこから金を貫っているのが、我らが安倍総理です。

これにロスチャイルドを中核としたヨーロッパのユダヤ勢力、その全体枠としてシオニスト勢力という分け方をしています。

BF　ボクは「ユダヤ」という用語は使わないようにしているんです。まあ、サイモン・ヴィーゼンタール・センター（SWC）の抗議が面倒くさいから、というのは冗談で、ユダヤ人というと、普通は、古代、カナンの地で暮らしていたヘブライ人、その末裔《まつえい》をイメージします。ところが現実は違う。単なるユダヤ教徒や、それになりすました連中が大半なんです。コシミズさんがシオニストという言い方をしているのもそのためですよね。

ユダヤ教の最大の特徴は、ユダヤ教徒を「ユダヤ人」に認定するところ、「宗教によって一つの民族をでっち上げる」という点にあります。千年王国で幸せに暮らせるのは「神と契約したユダヤ民族」とする以上、ユダヤ教は、ユダヤ民族以外には、入信したり帰依《きえ》したりする意味がまったくない宗教なんです。

その結果、なんだかんだと理由をつけて信者たちを「ユダヤ人」にする。ユダヤ人にしないと、天国には行けないのだから当然です。そうして「ユダヤ人」というカテゴリーは文化人類学的な民族規定とはまったく別になっている。「ユダヤ人」という言い方は、読者に誤解を招きやすいので、できるだけ使わないようにしているんです。

もちろん、コシミズさんの使い方が間違っているわけではなく、その通りではあるのですが……。

RK ユダヤという組織そのものが、「闇の支配者」へと繋がっていますからね。

BF その勢力ですが、ボクの区分では、こうなります。

まずは「ヨーロッパ王族」。これはロスチャイルドや、いわゆるユダヤ系金融資本。ヨーロッパの王族は、ビクトリア女王による血縁、サックス＝ゴータですね。ヨーロッパの王族や貴族は、国境を越えて血が混じっている。

次がコシミズさんの言う「米国1％の勢力」。ただし、ボクがターゲットにしているのは、その1％のうちのさらに「0・1％」の勢力。パパ・ブッシュを頭目にした「0・1％」の勢力は、正真正銘の犯罪組織。日本でいえば一部のヤクザのような連中なんです。

こいつらは、本当に悪魔のような連中というか、事実、悪魔教の信者「サタニスト」で、ドラッグ、人身売買、武器の密輸といった非合法活動を展開して莫大な富を吸い上げてきた。そのために世界中で戦争や紛争を起こしてきただけでなく、あまつさえ、人類を60億人以上も間引《まび》こう、人口削減しようとしてきた、絶対に許せない連中です。しかも、この勢力が、これまでワシントンDCを牛耳ってきた。

そこでボクは「アメリカ」とは使わず、「ワシントンDC勢力」と呼んできた。単に「アメリカ」と使うと、アメリカ自体が悪の帝国みたいな言い方や書き方になる。アメリカが「悪」なのではなく、アメリカの政治中枢であるワシントンDCを支配している連中が「悪」だという構図を読者に知ってほしいからです。

RK　ただ、アメリカが支配されている以上、やはりアメリカを批判せざるを得ない。私自身、一般のアメリカ人が悪いとは思っていませんが、国家としてのアメリカは問題が多すぎますから。日本が何を売ってもすぐにケチを付けてくる。酷い国ですよ。エアバッグ（タカタ）もそうだし、トヨタだってやられた。古くはキヤノンを特許詐欺でひっかける、東芝のCO《コ》CO《コ》M《ム》違反、いっぱいある。日本がいいモノを売ればいいちゃもんを付けて、むこうは遺伝子組み換え食品やら日本人にはちっとも効かない危険な医薬品を売りつける。その果てにTPPです。

BF　だからなんとか正常に戻ってほしいのです。そのためには「0・1%」の勢力を排除するしかない。その機運は高まっている。それがペンタゴン、アメリカ軍です。アメリカ軍の年間予算は削減した今でも7000億ドル以上。日本円にしてざっと80兆円、世界第3位の経済大国である日本の国家予算並み。米軍はG7諸国に匹敵するパワーなのです。これらの勢力が全体でNWO（ニューワールドオーダー）を展開してきた。

RK　ベンジャミンさんの分類では、「ヨーロッパ王族」（＝ロスチャイルド・ユダヤ金融）、「米国

1%」(=ロックフェラーや巨大メジャー、ウォール街)、「0・1%マフィア勢力」(=パパ・ブッシュの国際犯罪ネットワーク)、そしてペンタゴンとなるわけですね。

BF　ところが2016年現在、これらの勢力の命令系統がぐらつき、それぞれが、ばらばらに共闘したり、敵対したりしている。

こんな情勢だから、なかなか世界の実情が理解できないのも当然。世界も混乱していますが、こちらも「混乱」しているのが実情です。

RK　まったくです(苦笑い)。

――「"コーランを唱えろ!"となぜ確認しなかったのでしょう?」

BF　そのなかでCIAは、さっきも言ったように、ペンタゴンとアメリカ国務省のラインで動いていた。その国務省こそ、「0・1%パパ・ブッシュのワシントンDC勢力」の直系です。

プロレスの例えでいえば、最強のアメリカチームだった「ペンタゴン」と「国務省=ワシントンDC」が喧嘩別れして、タッグを解消した。それで、その下っ端レスラーだったCIAも割れて、さらに、CIAの子分レスラーである「YAKUZA」も割れて、結果として日本最大の暴力団「山口組」が分裂した、という流れなんです。

RK　問題は、その割れたレスラーが、誰とどう組むか。実際、パリ八百長テロの場合、また組み合わせが違っていました。

BF　パリ八百長テロをはじめとするヨーロッパでの一連のテロ事件の背景には、金融、原油利権があった。中東の原油利権は年2兆ドル、日本円で220兆円の利権です。それをめぐって、各国・各勢力は、かつての仲間と手を切り、敵だった相手と手を組んで「試合」をしている。

コシミズさんも、アレが八百長とすぐに気づいたと思いますが……。

RK　ええ、というか、あれほどお粗末なら気づかないほうがおかしい。

BF　ボクも最初の一報からおかしいな、ニュース映像がテレビクルーが撮った映像だけだったでしょ。

RK　そう。普通なら現場にいた一般人が携帯電話やスマートフォンで撮影した画像をツイッターやフェイスブック経由でまず世界中へ流す。それが一切出てこないなんて、絶対にありえない。この時点で「アウト」ですよ。

〔解説〕**パリ同時多発テロ**

2015年11月13日、フランス・パリ市中心部と郊外のサン＝ドニ地区でイスラム国の戦闘員とみられる複数のジハーディスト（聖戦を信じる兵士）のグループが銃や爆弾を使い、死者130名、負傷者300名以上を出した。

●――「ユダヤ人コミュニティーには事前に警告がありました」

RK　一応、僕が感じた違和感を列挙しておきましょう。

バタクラン劇場にいたメキシコ人の娘と恋人の男性は、テロから逃れて劇場の外に出て娘の母親に連絡して無事を伝えた。そのあと、劇場内で死体となって発見されている。母親は、二人がフランス当局に劇場内に連れ戻されて惨殺されたと主張している。

劇場惨事を映した防犯カメラや携帯画像が出てこない。今の時代、携帯電話はだれもが持っている。そのどれにもソニーのイメージセンサー搭載のカメラ機能が付随している。テロリストの隙を見て撮影した映像が、事件後、どっと、ネット上に流出しないほうがおかしい。

パリのユダヤ人コミュニティーに「近々、フランスで大規模テロがある」との事前テロ警告があった。911でも、WTCに勤務していた3000人のユダヤ人には、直前に「出勤するな」との指令が届いている。結果、WTC倒壊で死んだユダヤ人は、たまたま訪れていたイスラエル人観光客など、たったの2名だった。

パリ惨事とボストン・テロの両方に「出演」したクライシス・アクターの女性が注目を浴びてい

る。犠牲者を演じるクライシス・アクターが起用されているということは偽テロである証左である。
劇場の外に倒れている犠牲者を映した携帯映像が出回っている。撃たれて死んだのであろう。だが、その犠牲者がやおら頭をあげ、携帯電話をいじりだしている。

テロ前日に「犠牲者120人超」とのフライング報道があった。「予定稿」が事前に漏れてしまったのではないか。

BF　僕も違和感を覚えた一つに、犯人たちがジハーディスト、イスラムの聖戦実行者といいながら、犯行現場にいた人たちの証言などによると、彼らが「コーランを唱えろ！」と言っていなかったこと。普通、ジハーディストやイスラムのムジャヒディンによる攻撃は、同じイスラム教徒がいないかどうか、必ず、「コーランを唱えろ！」と確認する。そうして同胞であるイスラム教徒を銃撃しないようにするんです。

RK　キリスト教徒は、同じ一神教で同じ神なのに、コーランをまったく知らないですよね。私もマレーシアに駐在していた経験がありますので。

BF　最近はイスラム移民も増えたこともあり、だいぶ、コーランに興味を持つキリスト教徒も増えていますが、それでもアラビア語でコーランを唱えることのできるのはイスラム教徒の基準の一つなのだから、この「作法」をしないジハーディストはまずいない。それをしなかったのは、実行犯自体がイスラム教徒ではなかった何よりの証拠。ニュースを見ながら、そう確信していました。

劇場の警備員が、その日にかぎって全員、休んでいるのも露骨です。

あと、フランスのオランド大統領が「犯人はＩＳ」とすぐさま決めつけ、「シリア空爆」を即座に命じたのも、それが八百長テロの「目的」といわんばかりだった（苦笑い）。

これらが状況証拠。では動機は何か、というと、フランスの財政赤字がにっちもさっちもいかなくなり、アメリカ、この場合はワシントンＤＣのナチス勢力ですが、彼らと縁を切って、フランスはロシアに接近するようになっていた。

ＲＫ　ええ。フランスの石油メジャー「トタル」とロシアの「ガスプロム」はユーロ建てでの取引に動いていたほど。それで２０１４年、トタルのド・マリジェリ会長がモスクワの空港の滑走路で謎の事故死をとげている。

ＢＦ　普通に考えてもロシアの工作はありえない。どうにかしてロシアとフランスの間に亀裂を入れようした「陰謀」といっていいです。

ＲＫ　その通りです。ともかく、この「暗殺」でロシア接近が失敗した。恐喝に屈して諦めたのでしょう。その結果、フランスは、いよいよ打つ手がなくなっていた。それが八百長テロの起こる直前の状況だった。

ＢＦ　ボクのフランスの知人にＰＭＣ「民間軍事会社」の経営者がいるんだけど、その会社はフランス政府の依頼で警備などの仕事についていたんですが、フランス政府がまったくギャラを払ってくれなくて、「社員を400人リストラした」と嘆いていた。

RK　そのくらいフランスの財政と経済は本当に最悪なんですよね。

BF　これもあとで話したかったんだけど、2015年末の12月9日、IMF（国際通貨基金）は中国の人民元を正式にSDR（特別引出権）の構成通貨に決めた。これを推進してきたのがIMFの専務理事であるクリスティン・ラガルドという元フランス財務大臣。彼女が2011年、IMFの専務理事に就いたのは、同じフランス財務大臣経験者でIMF専務理事だったドミニク・ストロス＝カーンが「失脚」したためだった。

このストロス＝カーンはドルに代わってSDRを基軸通貨にしようとした矢先、「レイプ事件」で冤罪《えんざい》逮捕された人物。ドル勢力によって、文字通り、「はめられ」た挙げ句、失脚させられたのは見え見えだった。もっといえば、このラガルド専務理事にも、SDRを新しい基軸通貨に使用と発言した途端、さっそく「職権乱用」の嫌疑で圧力がかかっています。

どうしてフランスは人民元にそこまで拘《こだわ》るのか。答えは簡単なんです。もはや紙クズになったドルやユーロでは、フランス経済は立て直せないことを財務大臣だった二人は、身に染みて知っているからです。

RK　事実上は倒産している企業の財務担当役員みたいなポジションですものね、フランスの財務大臣という職は。

BF　そう、フランスは事実上、国家破産している。じゃあ、どうするか？　答えは簡単です。新しい「通帳」として、どうしても人民元が欲しい、と。ただし、それだけではフランスの借金はどうしようもない。だいいち新たに借金するにも、当然、それなりの担保が要ります。そこで中東の200兆円の石油利権を確保するしかなくなった。

「黒幕は米国1％、9・11とまるで同じ構図ですよ」

RK　このテロ事件に関する私の理解はこうです。

黒幕は9・11を引き起こしたのと同じ、「米国1％」の勢力。ただ、彼らがパリ市街で大規模テロを実行するには、必ずやフランス国内に軍事面・諜報面での協力者が必要です。それが前大統領のサルコジ一派とNATO軍だと考えています。サルコジとシオニスト、イスラエル諜報機関のモサドとの緊密な関係は明白です。

ちなみにサルコジはハンガリー移民二世で、母親はユダヤ人です。カトリックを装ってはいますが、おそらくは偽装改宗、隠れユダヤの典型的な人物です。

一方、現職のオランド大統領はサルコジほどニューヨークのネオコン勢力と近い人物ではありません。最近のオランドの親露派的な政策によって、サルコジ派すなわち欧州ユダヤ人のシオニストの中には彼の失脚、もしくは暗殺さえ狙うグループがありました。

大統領暗殺などという大きなリスクを冒さなくても、パリの街のど真ん中で銃撃事件を起こせばフランス国民のオランド政権への不信は最高潮に高まります。惨事の発生を防げなかった無能大統領という国民の強い批判を煽れば、辞任へと追い込むことができます。事実、事件の発生直後からオランドは「フランスはテロに屈しない」と強調し、犯行声明を出したＩＳの支配地域への空爆を決断して、批判の矛先をかわすのに躍起でした。

先に話したトタルのド・マリジェリ会長は「石油取引にドル決済は必要ない」と公言していました。彼の発言は、石油ドル体制に依存している「米国１％」の勢力にとっては忌々《いまいま》しい限り、米国という国家が破綻し、ユダヤ金融資本にとっては命脈を断たれる事態になってしまいます。どうにかしてそんな事態を回避しようという足掻《あが》きがあの事件を引き起こしたのです。

これが「パリ八百長テロ」の大筋での流れ、私の観測です。

「フランスという国家は事実上破産しているのです」

ＢＦ　なるほど。ではボクの読みも話しましょう。

「トタルのために石油利権を押さえたいのでフランス軍を中東に派遣したい」、そう、オランドが国民に呼びかけたら、一発で失脚する。そんな金があるなら公務員の休みと給与を増やせ、とデモが起こるだけ。ギリシャのおかげで目立たないけど、フランス人はヨーロッパでも休暇は長いし、働く時間は短い。国民のプライドも高い。かなり問題の多い国なんですよ、フランスは。ようするに中東に軍を出して、現在有している石油利権を守っておかないと、事実上破産しているフランスには選択肢がなかったわけです。

RK　それを打開して中東に軍を派遣するには「パリ同時多発テロ」が絶対に必要だったというわけですね。たしかに中東で戦火が拡大するのは「米国1％」にとっても都合がよい。「米国1％勢力」にとっての最大の頭痛のタネは原油価格の下落ですからね。

1バレル＝100ドル前後で推移してきた原油が、2016年1月には一気に30ドルまで下がった。シリアやイラクでドンパチが始まれば、即座に原油価格は跳ね上がるのが、これまでの「常識」でした。この常識も見事に覆りました。

RK　1バレル＝40ドル以下では「米国1％の勢力」は、間違いなく息の根が止まる。まずデリバティブをしていたファンドが潰れる。シェールガスで詐欺をしていた連中です。シェールガスなんて、実際は掘っていないことがわかっています。完全な詐欺で、「これで儲かりますよ」と金を集めるのが目的なのです。

すでに水面下で、アメリカのシェール油田の3分の2が閉鎖されたといいます。これはトタルの

CEOパトリック・プーイエンヌの発言ですから信憑性は高い、フランスは自分のところが苦しいから、もうアメリカのユダヤ勢力とは付き合えないと。金の切れ目が縁の切れ目をリアルにやっている。そういう見苦しい内輪もめ、仲間割れは、今後、どんどん出てくるでしょう。

「リーマンショック並みの金融恐慌が迫っています」

BF　国際投機筋の情報ですが、2016年夏以降、リーマンショック並みに大型金融機関が破綻するという情報が、すでに駆けめぐっていますよ。実は原油の長期取引の契約は「1バレル＝70ドル」で結ばれていた。その契約が2016年2月から順次、切れていく。その場合、再契約は当然、1バレル＝30ドル前後で結ばれる。

RK　それがドイツバンクですね。

BF　実際、2016年2月以降、ドイツバンクの危機が改めて騒がれていますが、もともとはギリシャ危機がきっかけです。

〔解説〕**ドイツ銀行危機**

ドイツ銀行はフランクフルトに本店を置くドイツ最大の民間銀行。2015年度に67億94

00万ユーロ（約8500億円）の赤字になったと発表、経営不振に陥り、不良債権と巨額負債を抱えている事実が発覚した。同行の株価は2016年初以来急落し、金融筋では経営破綻の危機も囁かれるようになった。

BF　バンカメ（バンク・オブ・アメリカ）もヤバい、というか、シティバンクを含めて、欧米の大手金融機関でヤバくないところはないんです。

RK　クレディスイスも危篤状態です。やはり2016年2月の「世界同時株安」によって過去最大だった15年5月末に比べて、なんと14兆ドル（1600兆円）も時価総額が減少した。これで日本企業の外国人大株主の皆様だけでなく、石油・シェールガス・デリバティブ詐欺の一味もお手上げ、ここに原油安も加われば、当然、無一文、すっからかんになっても不思議はない、というか、プーチン閣下は、それを狙っているのでしょう。

その証拠にロシア最大手石油企業（ガスプロム）の会長は「1バレル10ドルまでの原油価格下落を容認」した。つまり、ロシアは原油がたとえ10ドルになっても持ちこたえる用意があると言っている。

BF　これまで石油メジャー、つまり、ロックフェラーは、執拗に安売り合戦を仕掛けてライバルを潰していた。それが逆にプーチンに仕掛けられて潰されようとしている。これも「ありえない」

状況の好例でしょう。

RK　いずれにせよ、欧米の大手金融機関は原油の先物取引市場、WTI（ウエスト・テキサス・インターメディエット）に、相当額の資金を突っ込んできた。わかりやすく言えば、ギャンブルの「タネ銭」。原油先物のデリバティブ「金融派生商品」に、レバレッジ（てこ）で60倍とか賭けています。1バレル＝40ドルまでなら利益を確保できるとされていますが、それを下回れば、即座に莫大な負債を抱えることになる。

BF　レバレッジの怖さは、ギャンブルに勝てば、その倍率で大儲けできる反面、負ければ、その倍率で負債が生じるという点。しかも元銭がなくても高額な賭けをできるようにしている以上、負けても支払える財産も担保もない。

RK　負け即、破綻なんです。今後、長期契約で1バレル＝30ドルが基本ラインとなれば、原油先物市場は、それ以下になる可能性は高い。それを防ごうと、シリアで内戦を起こしました、それでもダメなのでイラクでIS（イスラム国）を暴れさせました、という流れになっている。今や中近東・北アフリカ全域を戦争状態にしなければ、原油価格が上がらないといわんばかりに、あちこちでドンパチを始めている。

BF　原油価格の下落に歯止めがかからなくなったのは、一つは戦争状態になっても原油の生産と輸出量自体が落ちていない、それどころか、増えていること。だいたい、石油利権をめぐって争っているんだから生産設備や輸出施設は、一切、攻撃しません。当然の話です。

RK　単純な話、中東戦争当時のようなOPECの時代ではなくなったのです。むしろ、今は石油でなく天然ガス、LNG（液化天然ガス）の時代になった。そのLNGの主導権を握っているのがロシアのガスプロム、つまりプーチンです。ゆえに天然ガスはドルで取引されない主要エネルギーで、これがドル崩壊につながってきた。

日本で言えば、3・11で原発を稼働停止させた際の代替えエネルギーは、インドネシア、ブルネイ、オーストラリアのLNGです。世界最大のエネルギー輸入国となった中国はシリアに石油利権があるとはいえ、ロシアと天然ガス輸入の長期契約を結んでいる。ベネズエラなどの中南米も原油やLNGも豊富にあるし、これまでの経緯もあって、中東の原油は「プラスアルファ」として扱う国が増えています。中東で戦火が広がっても、慌てることなく「戦費や戦後復興のためにむしろ増産する」と判断している。これでは原油価格が元に戻るはずはないのです。

「ドラッグ・ファンド・エネルギーのユダヤ三大利権を潰せ！」

BF　中東には原油利権以外に、もう一つ、大きな利権があった。それがアフガニスタンのヘロイン工場です。2001年、9・11に端を発したアフガン戦争の際、アメリカ軍は、アフガン占領地帯に極秘でヘロイン製造工場を造って、その非合法なドラッグ売却益を「利権」にしてきました。当然、実務は戦地である以上、米軍です。

ところが、米軍は、犯罪マフィアである「米国0・1%」のワシントンDC勢力と決別した。2011年、同性愛、ようするに「ホモ」の兵士を解禁したのが、その証拠です。それ以前は、協力関係にあった。この「ホモセクシュアル」による支配は、あとでたっぷり話しましょう。

さて、これら「米国0・1%」の勢力は、ワシントンDCを牛耳って、まず戦争を仕掛ける。そうしてインフラを破壊し、生活に困った現地住民を使ってドラッグの栽培と製造をやらせる。もちろん、ドラッグのみならず人身売買や武器密輸を含めた非合法ビジネスを大々的に行うんです。

RK　まさに「YAKUZA」というか、生粋《きっすい》の犯罪組織です。しかも戦費は米国民の税金なので、何重にもボロ儲けできます。

BF　1980年代までは、そのターゲットとなってきたのは中南米で、「左翼ゲリラ」掃討を名目に、戦争をしたり、特殊部隊を送り込んだりしてきた。

RK　中南米はもちろん、コカイン基地となりますね。もう一つ、重要な拠点が北朝鮮のシャブ、覚醒剤です。こちらは満州の旧日本軍、岸信介という安倍ラインへと繋がるのです。半島、在日のヤクザ問題、これらは徹底したタブーとなっているように、ここが日本の最暗部といっていい。その親分は、当然、CIAであり、CIAの上には米国1%の勢力、つまり、ユダヤがいる。そういう構造となっているのです。

BF　この3カ所がワシントンDC勢力のドラッグ拠点で、この違法な取引、ドラッグだけでなく、人身売買や武器密輸などの売り上げが、ワシントンDCの収益になっていたんです。

　ところが、このワシントンDCのドラッグ拠点が、いま、相次いで潰されている。これはワシントンDCの勢力こそ「悪」であり、あいつらはやり過ぎるとして、ほかの勢力が手を切り、敵対するようになったからなんです。

RK　実にいいことです。ようするにユダヤの武器となってきたドラッグ、ファンド、エネルギー(石油)を潰す、いわばユダヤ包囲網が出来つつあるわけです。ABCD包囲網ならぬ、「DEF包囲網」。ドラッグ、エネルギー、ファンド。三本の矢はまとまっていれば折れない。だから一本ずつ、確実に折っていく作戦。実に素晴らしい!

BF　DEF包囲網。いい用語です。そのDの部分となるのが二人の大物、超VIPがドラッグの不法所持で相次いで逮捕、拘束されていることでしょう。

　2015年10月28日、まず、サウジアラビアのアブドゥル王子がイエメンの空港で自家用機に2トンもの大量の麻薬を所持していた容疑で逮捕された。その直後、今度はサルコジ前フランス大統領までもがコカインの大量密輸の容疑で逮捕寸前までいっています。

　事件の経緯を簡単に説明すると、2013年、680キロの大量のコカインをプライベートジェットで運んでいた元フランス軍パイロットがドミニカで逮捕されたのですが、その後の捜査で、この「密輸ジェット機」の所有者が、なんとサルコジ本人と発覚、サウジ王子が逮捕された直後の2015年11月5日、当局がサルコジの身柄を拘束したといわれています。

「北朝鮮からの覚醒剤、代金はスーパーK《偽造ドル札》で払うのです」

RK　そのニュースは、もちろんチェックしていました。僕も常々、サウジアラビアの王族は「隠れユダヤ」であり、サルコジ前大統領は「シオニスト」と指摘してきました。ベンジャミンとは言い回しは違いますが同じ視点です。

BF　国際的に超金満の王族とG7の前大統領がドラッグの密輸で逮捕・拘禁されるなんて、やはり、ちょっと前までは「ありえない」こと。それが当然のように起こっている。

サウジの王子については、イスラム圏全体で「ワシントンDCは中近東から出て行け」という意思表示でしょう。アフガンのヘロイン密造基地もすでにイスラム勢力によって潰されたとみて間違いない。サウジアラビアについては、コシミズさんの指摘通り、アメリカのブッシュ勢力の傀儡《かいらい》というのは今さらな話。

ここで重要なのは、サウジアラビアをイスラムの手で解体しようという機運が高まっていることなんです。王家サウード家を排除しようと、イエメンとイランが攻撃しています。日本のメディアは、相変わらずサウジ寄りで報じていますが、現場は報道とは正反対。サウジアラビア軍はもはや陥落寸前です。その証拠に2015年8月、サウジアラビアは660０億円もの国債を発行した。あれほどの金満国家が借金をしなければならないほど追いつめられている。原油価格が下がったというだけでは説明がつきません。サウジ解体はイスラムの総意とみるべきです。

サルコジ逮捕寸前という情報は、中南米のコカインルートが潰された余波のわけですが、こちらはローマ教会が関わっています。2013年3月に就任したフランシスコ新教皇の強い指示があったといわれています。前教皇ベネディクト16世が、700年ぶりに生前退位したのを受けて就任したフランシスコ新教皇は初の南米出身です。南米のコカイン拠点を潰したという証明としてサルコジ関与の密輸を摘発した、そう読み解くことができます。

そうなると、残りは北朝鮮の覚醒剤拠点のみとなる。2016年1月9日に北朝鮮が自称・水爆実験を強行した背景も、なんとなく見えてきます。

それで面白い情報があるんです。弘道会、つまり、名古屋を拠点とする山口組6代目司忍の系列の組の幹部から、こんなエピソードを教えてもらいました。

朝鮮半島の38度線、軍事境界線上にある「板門店《はんもんてん》」には、北朝鮮軍と韓国軍が文書などを直接やりとりできる秘密のボックスがあって、その箱には北朝鮮からは高純度の覚醒剤が定期的に入っており、その代金としてアメリカのＣＩＡ、ワシントンＤＣの意向を受けたＣＩＡの一部勢力ですが、それが「スーパーＫ」という「偽造ドル札」を入れておくんだ、というんです。
　ジャーナリストであるボクに教えてくれた以上、弘道会は覚醒剤を「シノギ」（商売）にはしていないし、今までもしてこなかったと、この組長は断言していた。

RK　とはいえ、どちらもシャブはやっていると思いますよ。なんといってもヤクザなんですから。弘道会の司忍は典型的な在日です。私も当初、山口組の分裂は、部落派と在日派の対立と考えていたこともありますが、調べてみても、よく分からなかった。覚醒剤については、せいぜい、今後、北朝鮮のドラッグから手を引くかどうか程度の違いでしょう。もっといえば、いま、シャブは日本での売り上げが落ちている。その結果、北朝鮮には覚醒剤製造プラントが二つ稼働していたのが、そのうち、一つの稼働を停止したといいます。

BF　もともとヤクザと北朝鮮の覚醒剤は、旧日本軍の裏ビジネスです。旧日本軍は向精神薬として覚醒剤を作り、兵士にばらまいていた。敗戦間際になって、軍部は潜水艦をこっそりと隠して、戦後、それを使って密輸するようになった。コシミズさんが指摘するように、北朝鮮の製造プラントは旧日本軍の残党が作った、というより、ボクはナチスの勢力だと思う。潜水艦の密輸ルートはナチスの手口です。

RK　ナチスの背後にはユダヤ勢力がいました。かのヒトラーさえ、ユダヤ勢力がでっち上げた独裁者なのです。戦後、そのユダヤ勢力が覚醒剤ビジネスで裏金を作り、日本の権力中枢を乗っ取ったのです。何度も繰り返しますが、それが在日とヤクザ、さらに創価学会と統一教会というカルトです。

「麻薬ビジネスは日本の暗部と深く関わっています」

BF　現状では残ったドラッグ拠点は北朝鮮の覚醒剤であり、それを流通ルートに乗せていたのが、日本のYAKUZAです。非人道的な犯罪ビジネスは、それだけに非常に儲かる。この利権を手放したくない、少々、ヤバくなろうが、もっと拡大したいと考えている連中と、さすがに、このような悪魔的なビジネスは、これからの新時代に通用しない、いち早く手を切るべき、と考えるようになった勢力もある。これが日本の暴力団組織全体で分裂を誘発しているんだと思います。

もう少し覚醒剤取引について説明しますと、取引にはCIAが用意した「スーパーK」を使う。このスーパーKは、一般的には「他国が作った精巧な偽ドル札」とされていますが、まあ、呼び方はいろいろあるんですが、ここではスーパーKで統一しておきますが、実態は違います。CIAの総力を結集して作った、ほぼ正規のドル札と変わらないのです。実際、大手銀行の紙幣識別機でも判断が付かないほど。識別できないというのは「本物」と一緒です。これには理由があるんです。

もともとスーパーKは、国外の犯罪捜査、ドラッグの密売ルートを摘発するという名目でCIAが作った「捜査ツール」だからです。

国内の麻薬捜査は、当然、FBIの管轄となりますが、海外にあるドラッグの製造拠点に対してFBIはインターポール（ICPO、国際刑事警察機構）を通じてでしか捜査権がない。そこで海外の捜査や情報収集はCIAが任務についていた。

で、CIAは、国外の麻薬拠点、ドラッグシンジケート、マフィアをあぶり出すために、「本物のドル札」でありながら一カ所だけ特殊なマーキングを施した「偽札もどき」を用意した。これが「スーパーK」です。

このスーパーKをアンダーカバー、覆面捜査の麻薬取引で使い、スーパーKを追いかけることで国外のドラッグマフィアの拠点をあぶり出せる、そう主張したわけです。捜査もなにも、スーパーKを利用してアジトや幹部、ボスを見つけると、そのままCIAによって配下に加える。そうして連中にドラッグの密造だけでなく、武器や人身売買の密輸もやらせてきたわけです。

何より、そうした非合法活動はスーパーKを使えば、いくらでも簡単、手軽に資金調達できる。CIAは政府機関なので議会に活動内容を報告しなければならないけど、この場合、「麻薬捜査のためにスーパーKを刷った。これは偽札であり、きちんと回収している」で済む。CIAのスーパーKは国際的な犯罪ネットワークを作る上で非常に便利なツールであり、こうしてワシントンDCのパパ・ブッシュの勢力は犯罪ネットワークを構築したわけです。
　その証拠にスーパーKが最初に騒がれたのは、70年代から80年代が中南米、あと、レバノンでも見つかっています。これはハシーシ（大麻）。90年代が北朝鮮、２０００年以降がアフガニスタンだった。名目は麻薬密造の捜査といいつつ、その実態は麻薬密造の資金だった。

RK　芸能人や著名人が覚醒剤所持で逮捕されると、ニュースではきまって「入手ルートを調べる方針」と報じられます。しかし、その入手ルートが解明されたことは未だかつてないでしょ。それは、麻薬ビジネスが大きな利権、もっと言えば日本の暗部と深くかかわっているからです。
　覚醒剤・ヘロイン等の麻薬ビジネスはアヘン戦争以来、世界支配権力であるユダヤ権力と密接に結びついた産業です。ロスチャイルド財閥のいわば「アメリカ支店長」であるロックフェラーは、20世紀初頭にアメリカ国内でアヘンを大商いして蓄財、一大金融帝国を築きあげました。戦前、日本軍は中国大陸に進出する際にアヘンを売って得た利益を戦費に充てていましたが、その仕事を担当していたのが笹川良一、児玉誉士夫なのです。

「ウラ社会を暴くにはホモ人脈の追及が不可欠です」

BF　ヤクザの話に戻すと、やはり、ＣＩＡによるヤクザを使った日本国内での非合法工作も、当然、このスーパーKが「資金源」となってきた。
ようするに、このスーパーKを持ったCIAと、そのスーパーKをもらっていたヤクザ勢力、それ以外、つまり、スーパーKを使わないCIAと、その子分であるヤクザが対立、というか、分裂したわけです。
ボクはCIAやペンタゴンの関係者に取材してきました。するとアメリカ軍は、基本的に愛国者がとても多いのです。他国の他民族の人々を殺したり、街や家を破壊したりするにせよ、それが「祖国アメリカのためになる」と信じて、ダーティワーク（汚れ仕事）をやっていた。ところが、パパ・ブッシュが頭目の国際犯罪ネットワークのお先棒を担がされていたということに気づけば、どれだけ怒り狂うことか。

RK　それに気づいたのが9・11の自作自演テロだった、と。

BF　いや、アフガン戦争からイラク戦争ぐらいまでは、それでも協力関係にあったんです。決定的だったのはイラクに大量破壊兵器が無かったこと。これでアメリカ国民のみならず国際世論もアメリカ軍を批判した。さっきも言ったように、アメリカ軍は「アメリカの国益のため」「アメリカの正義のため」という大義名分に異常にこだわる。決して「悪の手先」であってはならないんです。
その「ルール」がイラク戦争で壊れた。アメリカ軍は、ついに「悪の手先」であると国際世論によって厳しく責められた。この屈辱に彼ら愛国軍人は、自分たちで「何が起こっているのか?」「ワシントンDCの現状は?」を調べるようになって、その結果として、ワシントンDCは我らが愛するアメリカではない、それどころか寄生虫であり、単なる犯罪者集団ではないか……、ようやく、そう理解して決別したんです。

それが2011年、同性愛兵士の解禁ですね。アメリカ軍は、世界で唯一、同性愛兵士を認めてこなかった。その一方で、昇進するためには「ホモ行為」を強要される。このあたりの手口は、ナチスのSS(親衛隊)と一緒です。ナチスでも同性愛は発覚すれば「断種」されるほど厳しい処分にされた反面、幹部になるには秘密のパーティでホモ行為をしなければならなかった。そうして、まともな兵士や隊員も、どんな非人道的な命令でも忠実に実行するようになる。

アメリカ軍の場合、同性愛発覚即除隊処分になるだけじゃない。年金や大学へのスカラシップ(奨学金)、グリーンカード(市民権)、家族の医療保険といった兵役の恩典をすべて失う。だから命令でいったん、ホモ行為をすれば、その恩恵を失いたくないがために、どんな残酷な行為もやるようになる。

RK ホント、腹が立つほど卑劣な手口です。

日本の政治と裏社会の実態を知るには「暴力団・同和・在日」の三要素では不十分で、これに「ホモ人脈」が加わるというのが私の視点で、しかもこの問題は非常に重要です。

CIAの対日工作でも、この「ホモ人脈」が暗躍して政界・官界・財界を動かしているのです。

ＣＩＡが日本の要人を脅迫する道具として、ホモ問題が活用されてきたのはインテリジェンスの世界では常識です。

BF　だから同性愛解禁は、ものすごくエポックメイキング《画期的》なトップニュースで、ペンタゴンはワシントンＤＣと決別したという「声明」となったわけです。

ＣＩＡのエージェントも愛国軍人と一緒。過酷な任務、彼らエージェントが非合法な活動をするのは「祖国アメリカのためになる」「アメリカの正義のためになる」という強い想いがなければ、逆に言えばできない行為。それが、パパ・ブッシュの犯罪組織のため、やつらの懐を潤すためだった、と知れば、愛国者であればあるほど反発も大きくなる。

ところが愛国者ではないスーパーＫという輪転機を持っているＣＩＡは、この犯罪行為を続けたい、この利権を手放したくないと考えている。

ボクが著書やブログなどで「ＣＩＡ」を悪として断じないのも、この二つのＣＩＡは分けて考えるべきだと思っているからで、「悪のＣＩＡ」の悪行を知っている読者から「どうしてＣＩＡを擁護するような発言をするのか」とお叱りを受けることも多い。これはアメリカ軍でも同じ、どうして最近は米軍に寛容なのか、金でももらっているのか、と（苦笑い）。

倒すべき相手は、ワシントンＤＣであり、「悪のＣＩＡ」。ここを排除して、全体を正常化すれば、残りの勢力とはうまく共存できるというのが持論なんです。

ＲＫ　そうしてみると清原和博の覚醒剤逮捕、ちょっと前のＡＳＫＡもいますが、これだけ大物、超有名人が覚醒剤で逮捕されたのは、安倍政権の失政の目くらましというプロパガンダの側面があるにせよ、やはり、現在の「ありえないことなどありえなくなった」状況が生んだのでしょう。
芸能界がシャブまみれ、売春まみれ、ホモまみれ、在日まみれ、ヤクザまみれなのは、まあ、誰もが知っていながらもおおっぴらにはできなかった。それが、どんどん暴かれ、日に晒されるようになった。実にいい傾向でしょう。

〔解説〕**覚醒剤で逮捕された主な芸能人・著名人（順不同）**
清原和博、カルメン・マキ、ジョン・健・ヌッツォ、Char（チャー）、ミッキー吉野、ユージン・カーチス、愛沢ひな、園田凌士、岡崎聡子、岡村靖幸、加勢大周、我喜屋良光、岩城滉一、芹明香、桂銀淑、原田ひかり、原田宗典、原田知樹、江夏豊、江木俊夫、荒木将器、高橋祐也、酒井法子、高相祐一、克美しげる、沙也加、山田一雄、寺内アキラ、宍戸史絵、室田日出男、勝呂元博、小向美奈子、小川洋平、松田ケイジ、笑福亭小松、仁科貴、清水健太郎、西崎義展、西川隆宏、青山ちはる、青山ミチ、赤坂晃、杉田光央、大和武士、中村銀之助、田原成貴、田口ゆかり、田代まさし、田中千鶴、田口智治、日景忠男、飛鳥涼（ＡＳＫＡ）、尾崎豊、豊川誕、北公次、野村貴仁、翔、槇原敬之、劉昇一郎、早川咲……

RK　2016年東京八百長テロに戻れば、「悪のCIA」、つまりスーパーKグループと、それに結託するヤクザが引き起こすと考えていますか？

BF　安倍政権は「1・5兆円」の利権、餌を用意した。「正義に回帰したCIA」と、その子分であるヤクザたちは、今後もドラッグや「悪のCIA」からの勧誘を拒絶するためには、どうしても、この利権を手に入れたい。

一方、「悪のCIA」と、その子分勢力にせよ、安倍政権を動かしている勢力にすれば、オリンピック利権を差配することで、これらの非合法勢力を自分の配下に置こうとしているのでしょうね。

RK　どっちがやってもかまわない、と。

BF　テロが「八百長」でも人が死ぬのは「リアル」です。それを許さないためにも、この危険性を一人でも多くの読者に伝える必要があります。

RK　そうですね。私たちも頑張らないといけませんね。

第2章

安倍晋三の正体――その卑しい人間性の背景

ありえないことが平然と起こる……。

その典型的なサンプルが「安倍政権」ではないだろうか。

これほどの失政を重ね、日本を誤った道に連れて行こうする安倍政権に対し、多くの国民は反対の声を上げ続けている。

事実、それまで政治的な発言をしなかった著名人や芸能人が、これほどあしざまに政権批判をしたのも初めてのことだろう。また、頻発する反政府デモにせよ、一般的な権力批判や与党批判の枠を超え、誰もが真剣に「日本の将来」を心配し、命がけで戦っている。

ここまで批判の声が高まれば、通常の政権であれば「死に体」となり、与党内でも軌道修正の動きが高まる。

ところが安倍政権は、この情勢のなか、むしろ、盤石の構えを見せるのだ。大手メディアほど政権を批判せず、追従に終始する。

ネットは安倍政権に賛同する書き込みで溢れ、大手マスコミの報道を鵜呑みにする人たちは「安倍政権以外にない」と信じ込んでいる。

こうしてアベノミクスが破綻し、国民生活がますます困窮しながら、なぜか安倍政権の支持率は下げることなく高止まりが続いている。

それどころか、2016年7月の参院選挙で自民党が大勝すれば、この「狂気の政権」は2019年まで、首相在位2000日を超えて吉田茂、佐藤栄作に次ぐ長期政権となる可能性まで高まっている。

ベンジャミン・フルフォード氏とリチャード・コシミズ氏は、政権発足当時から安倍政権の危険性を指摘してきたジャーナリストである。

ベンジャミン・フルフォード氏は、安倍政権の正体を「軍事政権」と見抜き、その背後に軍需産業の存在とアメリカの思惑をつまびらかにしてきた。

リチャード・コシミズ氏は、安倍政権による驚くべき「不正選挙」を暴き出し、さらにジャパンハンドラーとなって日本を支配してきたCSISを厳しく追及してきた。

安倍政権のヘッドクォーターであるリチャード・アーミテイジとの直接対決と不正選挙裁判は報道史に残る快挙といっていい。

2016年7月の任期満了に伴う参院選までに何が起こるのか?

本章は、過去のFACT対談から安倍政権に関する部分を抜粋、再構成しただけでなく、さらに最新情報を追加で取材したスペシャルバージョンとなっている。

この二人でしか語りえない大胆な予測と分析は必読である。

「リオ、ピョンチャン、東京――五輪では必ず何かが起きます」

リチャード・コシミズ（以下ＲＫ）　２０１６年の日本を考える上で重要なのは、安倍政権がこのまま続くのかどうか。夏の参院選で勝利すれば、２０１９年まで、この「狂気」の政権が続くことになる。しかも首相在位２０００日を超えて吉田茂、佐藤栄作に次ぐ長期政権となります。ですが、このまま、すんなりと行くわけはありません。

ベンジャミン・フルフォード（以下ＢＦ）　安倍政権が今後どうなるのかといえば、山口組が分裂したように、安倍政権の基盤も分裂する可能性が高い。なぜなら安倍政権は完全な傀儡《かいらい》で安倍晋三は操り人形だからです。さっきも話したように、東京で八百長テロがあれば、その混乱に乗じて衆参ダブル選挙を行って圧勝するというストーリーを狙い、やれと命じられたらやるでしょうね。

ＲＫ　私の予想では、選挙を前倒しして衆参ダブル選挙という可能性もあると思います。

なぜなら大企業の２０１５年度の年度末決算は２０１６年3月末で締めます。決算発表はだいたい5月から6月になる。そうなれば軒並み大幅な減益、へたをすると赤字になるのは確実で、アベノミクスが詐欺だったことが誰の目から見ても明らかになります。嘘がばれないうちにと衆院選を前倒しにしようというわけです。

BF　なるほど。衆議院を解散して衆参ダブル選挙に持ちこみ、得意の「不正選挙」で乗り切ろう、としているのですね。

RK　はい。2016年の夏に向け、経済が大混乱する可能性は高い。そこで御用マスコミを遣って「強い政権だ、安倍自民しかない」とのキャンペーンで誤魔化そうとでも考えているのでしょう。ダブル選挙になれば不正選挙もやりやすい。そのくらいはしますよ。

BF　マイナス金利という禁じ手を使った以上、景気は悪化します。確かに、そのくらい強引な方法に出るかもしれないですね。

RK　あと、2016年の夏でいえば、ベンジャミンさんの「東京同時多発八百長テロ」もそうですが、リオ・オリンピックに絡んで、また一騒動ありそうです。

BF　ジガ・フィーバー、ジガ熱騒動ですね。ボクもこれは気になっている。突然、降って沸いたように、というか、パターンが2014年のエボラ出血熱とまったく一緒です。性懲《しょうこ》りもなく、また、同じ詐欺の手口でしょ、これ。

〔解説〕ジガ熱騒動

ジカ熱は主にサルの間で拡大する感染症だが、蚊を媒介にヒトが感染することもある。症状は比較的軽微。ただ妊婦が感染すると、新生児に小頭症や、重大な脳機能障害が出るおそれがある。世界保健機関（ＷＨＯ）によれば、２０１５年から16年にかけてジガ熱の感染は南米のブラジル、アルゼンチン、チリ、ペルー、ウルグアイ、中米のベリーズ、コスタリカ、カリブ諸国のハイチ、ドミニカ共和国、バルバドス、プエルトリコ、仏領サンマルタン、グアドループ、マルティニークなど22カ国に及んでいる。とりわけリオデジャネイロ五輪を8月に控えるブラジルでは保健省が「国家緊急事態」を宣言、ルセフ大統領の経済失政に抗議する反政府デモなどもあり、国内の混乱の大きな一因となっている。

RK　ジガ熱騒動については私も同感です。アメリカはさっそく、ジガ熱が南米、とくにブラジルで発生しているとして、選手団を派遣しないと揺さぶっている。アメリカが派遣しなければ、当然、アメリカのポチである日本も派遣しないはずで、オリンピックの2大スポンサーである日米が派遣しなければオリンピックは成立しない。ことによったら延期になる。

BF　オリンピックの莫大な放映権料はアメリカと日本のテレビ局が負担しています。延期になれば、莫大な違約金をブラジル政府に要求するはずで、これでＢＲＩＣｓ《ブリックス》を攻撃しようとワシントンＤＣ勢力は考えているんでしょう。その嫌がらせの一環なのか、２０１6年3月からブラジルでは大規模デモが続いています。ルセフ大統領の弾劾デモですが、こうやって揺さぶっているわけです。

RK　だいたいジガ熱が南米の反米国家ばかりで蔓延しているというのが、すでに怪しい。メキシコではヘリコプターでウイルスをばらまいたという情報もあるし、ワクチン接種で蔓延したともいわれています。そのワクチンは、ロックフェラー財団の肝煎《きもい》りです。

BF　南米は長らくアメリカの〝裏庭〟だったけど、ベネズエラで石油が出て、資源や食糧で経済発展して、さらに今は中国が南米に積極的に貸し付け、いろんなインフラ事業を展開しています。それでジガ熱を使って何とかしてやろう、という目論見でしょう。

RK　私は「オリンピック」は、ある種の〝スイッチ〟になると考えています。オリンピックに合わせて、いろんな謀略を仕掛けようとしているのです。

リオについては反米国家潰しでしょうし、次の2018年の冬季五輪である韓国・平昌《ピョンチャン》も何かあると考えています。本当なら大会2年前となる2015年の冬のシーズンはテストを兼ねた国際大会を開くのですが、ほとんど会場やコースができておらず、このままではぶっつけ本番になりかねない。タラタラやっていて、全然、やる気がない。韓国は、こうした準備はきっちりやる国なのに、何か変ですね。どうも韓国政府は2018年にオリンピックは開催できないという情報を持っているんじゃないか、と勘ぐりたくなるぐらいです。

これは東京オリンピックの2020年にもいえます。

つまり、2016年夏のリオデジャネイロオリンピック、2018年冬の平昌オリンピック、2020年東京オリンピック。このタイミングで何か、大きな戦争が起きる、起こそうとしている、そう考えています。とくに2020年の東京オリンピックは、一度目（1940年）のときも戦争で延期になった。「歴史は繰り返す」ではありませんが、それを狙っている気がします。

「安倍首相が弱いのはお腹よりもおつむです」

BF　そう考えると、2016年の夏で安倍政権が参院選に是が非でも勝利しておけば、その後の混乱の中で、独裁政権というか、本格的な軍事政権を作ろうというストーリーも見えてきます。

そもそも安倍政権は、国務省とペンタゴンという二つの勢力が関わって誕生しました。実際、2012年、コシミズさんが指摘してきた「選挙用の票読み機」ムサシを使った不正選挙で安倍政権が発足したとき、すぐに聞こえてきたのは安倍政権が「軍事政権」という指摘でした。

RK　安倍晋三のルーツは旧満州の支配者だった祖父の岸信介、つまり旧満州の日本軍残党勢力へと繋がります。北朝鮮の軍事政権に潜り込んでいき、ユダヤの指示を受けて日本を奴隷にしてきた連中です。その構図を説明しましょう。

しばらく前のことですが、韓国で北朝鮮と繋がった政治家数百名が摘発された事件がありました。北朝鮮と直接対峙している韓国でさえ、北朝鮮の工作で政界が真っ黒に汚染されていた。現在でも、韓国内には2万人の北朝鮮工作員が活動しているとされます。

「スパイ天国」の日本ですから、当然ながら同じ手口で北朝鮮シンパや帰化人たちが政界に巣食っているはずです。おそらく、北の指令で動く国会議員もうじゃうじゃいるでしょう。もちろん、与党にも野党にもです。

だからこそ、日本的でない非道な政治が行われていると理解します。そして、北朝鮮の背後にはユダヤ金融悪魔がいるわけです。こうした日本を食い物にするために作ったシステムから登場したのが安倍政権なんです。だからこそ危険なのです。

BF　安倍晋三とお兄ちゃん（安倍寛信）は、ボクの住んでいる吉祥寺（東京・武蔵野市）にある成蹊大学を卒業しています。別に悪い大学ではないのですが、有力政治家一族の御曹司《おんぞうし》ならば、政財界のコネクションを作るためにも普通は東大か、早稲田や慶応に行く。よっぽど頭が悪かったのかと思って調べてみたんです。安倍晋三が弱いのは、お腹よりも「おつむ」のほうですよ。父親の安倍晋太郎に頼まれて家庭教師をしていた当時東大生の平沢勝栄衆院議員が、そう断言していた（笑い）。

成蹊大学は別名「三菱大学」。設立当時から三菱財閥の岩崎家が資金を出して三菱グループのための人材を養成していました。その証拠にお兄ちゃんは、そのまま三菱商事に入って、今では安倍政権で解禁になった三菱重工の原発システム、さらに兵器を海外に販売する三菱重工グループの一翼の「三菱商事パッケージング」の社長です。

もっといえば、2016年現在の成蹊学園理事長は佃和夫。この人物は山口県熊毛町（現・周南市）出身で、前の三菱重工社長です。第一次安倍政権（2006年）のとき、中国のメディアでは、はっきりと、「三菱重工を中心とした東芝、日立らの日本の軍需産業が安倍政権のパトロン」と書いている。その中心人物が、この佃であると断じていました。

佃和夫は、三菱重工の航空宇宙畑から社長になっています。H2ロケット、最近、完成した旅客機のMRJ、さらに三菱重工がロッキード・マーティンから受注したF35戦闘機の製造工場（小牧工場）も佃和夫の〝お手柄〟。いうなれば日本の「死の商人」、軍需産業のドンです。

一見すればペンタゴン寄りのようですが、経済的に見ると、明らかにワシントンDCのマフィア勢力の指示通りに動いている。アベノミクスの欺瞞《ぎまん》はあとでゆっくり話すとして、明らかに経済政策は日本の金《カネ》をワシントンDC勢力に渡そうと何でもやっています。

RK　第二次安倍政権は、発足以来、嫌韓を煽っては日韓関係を悪化させ、さらに対中の強硬姿勢を全面的に打ち出し、中国との戦争を画策してきました。

●――「オバマも安倍も単なる〝スピーカー〟、操り人形指導者です」

BF　勘違いしている人が多いのですが、日中間を仲違《なかたが》いさせてきたのは国務省であって、むしろ、ペンタゴンは日韓関係、日中関係の改善を求めていました。米軍とワシントンDCとの関係が悪化したのは2011年以降のこと。ただし、本格的に対立するようになったのは2015年から。わかりやすくいえば、山口組が分裂した2015年夏と考えればいい。

事実、2014年ごろから15年にかけて、オバマ（大統領）の発言が、笑っちゃうぐらいブレるようになった。国務省の指示通りに、イランには新たに経済制裁するぞ、シリアへの地上軍を派遣するといった勇ましい発言をしたあと、今度はペンタゴンに呼びつけられ、イランの経済制裁は中止、シリアへの地上兵力の派遣はしないとトーンダウンするといった調子です。

RK　ただの「スピーカー」。これは安倍も一緒でしょ。やはり2014年以降、どんどん、言っていることとやっていることが食い違うようになっています。ベンジャミンさんが指摘する、ペンタゴンと国務省の間で股裂きになっているという証拠かもしれません。

その典型的な事例が、2015年末、突如、合意した従軍慰安婦問題です。政権発足時にはあれだけ偉そうに「日本をトリモロス」とかいいながら、慰安婦問題では屈辱的な合意をして保守層から総スカンになっています。

BF　従軍慰安婦問題の解決に動いたのがペンタゴンなんです。とにかくペンタゴンは、日韓関係、日中関係の改善を図っている。

2015年10月に起こった南沙（スプラトリー諸島）問題では「中国が南沙諸島を支配下に置け

ば、日本の貨物船が締め出される。中国を怒らせると第二次世界大戦前のように国内に石油が入ってこなくなる、油断だ」といってメディアを使ってアピールしていました。

ところが2015年前後、ペンタゴンの影響力が高まると慰安婦問題が進展しただけでなく、2016年に入ってからは中国と経済面で歩み寄るようになっています。

実際、ボクに寄せられた極秘情報ですが、あれほど反対してたAIIB（アジアインフラ投資銀行）に加盟する動きが出ているそうです。その証拠に日銀は中国との通貨スワップの協議に入ったことを公式に認めました。円と人民元を直接、交換するというのは、極端な話、日銀が人民元を刷る権利を持つようなもので、逆に中国人民銀行は円の発行権を持っていいですよ、という話です。これは、本当に同盟同然になる。

RK　逆に言えば、日本と中国が尖閣諸島あたりで軍事衝突すれば、両国経済はいっぺんで破綻する。大恐慌になります。どっちが勝つか負けるかじゃない。両方、負けなんです。中国は日本からの投資と生産に不可欠な中間材やマザーマシン（工作機械）の供給が止まって何も作れなくなる。日本は多くの輸入が止まって、これまた破綻する。今や2万社もの日本企業が中国に進出している、日中経済は不可分というのにですよ。

日中を一気に潰したい連中からすれば、尖閣でちょっとでも軍事衝突させるだけでいいわけです。そうした謀略が2011年以降、進められてきました。

BF　ペンタゴンは日中の軍事衝突は避けたい立場なのです。ここをなかなか理解している人が少ない。ペンタゴンだから戦争をしたがっている、そう短絡的に考えてしまうのでしょう。さっきも言った慰安婦問題の日韓合意で米軍は、日韓離反の原因となってきた慰安婦問題をさっさと片付けて、近いうちに日韓の間に軍事同盟を結ばせたがっているんです。これは日米韓の共同軍設立を狙ったものです。

〔解説〕**従軍慰安婦問題で日韓合意**

年も押し詰まった2015年12月28日、岸田文雄外相は韓国・ソウルで、同国の尹炳世《ユンピョンセ》外相と会談、従軍慰安婦の問題について「両国が受け入れられる合意を導き出すことができた」と述べ、両政府が合意したことを明らかにした。元慰安婦を支援するための財団を韓国政府が設置し、日本政府の予算から約10億円を拠出することになった。合意には、安倍首相が元慰安婦に「心からお詫びと反省の気持ち」を表明することや、「最終的かつ不可逆的」な解決とすることが盛り込まれた。

BF　そもそも慰安婦問題の根っこには、戦後の日本を骨抜きにするための謀略があった。WGIP（ウォー・ギルド・インフォメーション・プログラム）です。

これは日本人が祖国の伝統や文化を憎み、日本人と日本という国家に誇りを持てないよう、メディアや教育機関を駆使して徹底的に「洗脳」するプログラム。慰安婦や南京大虐殺といった情報を知れば、どんな日本人だって「日本人は、ひどい民族で、それを生み出した日本という国家と文化は腐り果てている」と思う。そう思い込ませ続けて、奴隷にする。その実行部隊がユダヤの命令を受けた「在日マフィア」である統一教会や創価学会。日本人の誇りを根こそぎ奪い、骨抜きにしてきたんです。

「日本人奴隷支配システムを運営、それが安倍一族です」

RK　「慰安婦問題」に関する私の考えを話しておきましょう。

この問題をここまで拗《こじ》らせたのは、アジアの諸国の経済的結束を阻止してユダヤ米国の利益とするのが目的であり、当初から統一「CIA」教会が捏造したものであるという観点が抜けていると、真実は何も見えてきませんよ。「韓国が悪い！」だけでは、ただの馬鹿です。

日中、日韓の経済融合は、東アジア共同体の創設につながってしまうので、ユダヤ米国による日韓支配構造を危うくする事態です。ユダヤ米国が日本から搾取するために、慰安婦問題を悪用しているのです。同時に、北朝鮮も日韓関係を悪くできるので願ったり叶ったりでしょう。騒いでいる日本の「反韓右翼」は在日朝鮮人の集団です。

BF　とはいえ、この10年来、ネット世代を中心に自分たちで史料を調べて従軍慰安婦や南京大虐殺の「真実」を求める人が増えていた。その意味で安倍政権発足時、例の「トリモロス」で、ネット保守層から支持されていましたが、ボクにいわせれば、そのＷＧＩＰをやっていたのが当の安倍一族という。まったく何の冗談なのか、と思っていました（苦笑い）。

その証拠となるのが「勝共連合《しょうきょうれんごう》」でしょう。

１９７０年代、全国の大学で民青《みんせい》（日本民主青年同盟）、日本共産党の勢力が強まりました。そこで祖父の岸信介、実父の安倍晋太郎を筆頭に、笹川良一の日本船舶振興会（日本財団の前身）が中心となって、なんと、統一教会の組織を大学に入れたんですね。これが、共産主義に勝つという意味で、「勝共連合」。大学当局にすれば学生運動で授業を邪魔されたり、大学生たちもしつこい勧誘があったりで民青を毛嫌いしていた。そうしてカルト教団の支部を莫大な税金を使って日本中の大学に作ってあげているわけですよ。

その結果、どうなったか。勝共連合は徹底して体育会系のサークルに食い込み、学生たちを片っ端から「洗脳」していった。体育会なので、後輩は有無を言わさず勝共連合の活動に参加させられちゃうんです。

もう一つ、在日だった大山倍達の極真空手が大学の正規のサークル活動になったのも、この時期です。それまで空手は日本古来の伝統派で、当て身をする極真は危ないから高校や大学では正規の部活には認めてこなかった。ところが大山の極真が「寸止めの空手ダンス」と揶揄《やゆ》して空手界全体を乗っ取ってしまった。当て身をする実践空手の場合、指導者が絶対に必要となるからといって、監督やコーチとして大学に入り込んで「勝共連合」に学生を送り込んだのです。

RK　勝共連合は自民党の政治運動、選挙活動で、こうした体育会の学生を動員していました。就職でも有利に働いた。つまり政財学が全面協力していたんです。

その元締めである笹川良一自身、「在日」ですよ。日本人を奴隷にして支配するシステムを運営していた政治家、売国政治家が安倍一族なのです。

BF　政治的には国務省のラインだった安倍政権を、2015年以降、ペンタゴンが強い腕で引っ張って有無を言わさず押さえ込んでいる。ボクは国務省ラインよりも、ペンタゴンの影響が強まったほうが日本にとっては悪くないと思っています。まあ、2011年以前のペンタゴンはダメですが……。

RK　3・11の「トモダチ作戦」をやった米軍はダメですね。あの時期はユダヤの下っ端、用心棒として活動していましたから。

BF　あれからペンタゴンはワシントンDC勢力と手を切った。その象徴がワシントンDC寄りのチャック・ヘーゲルを追い出し、国防長官に就任したアシュトン・カーターでしょう。就任は20

15年2月17日。オバマはカーター長官の就任式をすっぽかすという前代未聞の不祥事をしています。また、カーター新国防長官は、就任直後、CIA本部をいきなり封鎖して強制捜査しています。なかなかの強面《こわもて》なんです。ボクはここで分裂から対立へとベクトルが変わったとみています。ペンタゴンと国務省（ワシントンDC）は、激しい抗争どころか、一種の内戦状態になっているとみるべきでしょう。

RK　アメリカの政治中枢は、いま、第二次南北戦争になっている、と。

BF　まあ、アシュトン・カーターについては、その後、いろいろ調べた結果、ペンタゴンの良識派とはいえないんじゃないか、という疑問が出てきた。

とはいえ、ペンタゴンが独自に動くようになっているのは間違いない。それで誰が中心なのか、調べていきますと、ジョセフ・F・ダンフォード海兵隊大将が浮かんできました。

ダンフォードは統合参謀本部議長に就任（2015年10月）したように、海兵隊総司令官から史上初となるアメリカ軍の制服組トップになった人物です。何より重要なのは、彼が第二次世界大戦で活躍した「スメドリー・バトラー」というアドミラル（海軍大将）を尊敬しているということです。バトラー提督は、パパ・ブッシュと対立して封じ込められてきたペンタゴンの良識派で、だからこそバトラー系列は、これまで米軍のトップにはなれなかった。だから非常に重要なのです。これでペンタゴンが変質したことがはっきりわかります。

〔解説〕ジョセフ・F・ダンフォード海兵隊大将
アメリカ海兵隊大将、第36代アメリカ海兵隊総司令官、第19代アメリカ統合参謀本部議長。海兵隊総司令官に昇進する前は国際治安支援部隊司令官を務めていた。２００３年のイラク戦争時には第5海兵連隊などの指揮を執った。ダンフォード大将がアメリカ統合参謀本部議長に就任することをアメリカ議会上院は承認し、２０１５年10月1日付でアメリカ軍最高位の軍人となった。

RK　とすると、このダンフォード大将が日中融和を勧めているというわけですか？

BF　はい。ペンタゴンは、国務省、つまりワシントンDCとの内戦に勝つために、日本と韓国の共同軍、さらに中国軍、ロシア軍、さらにイラン軍を仲間に引き入れて、新時代の国防体制を作ろうとしています。

結果としては、軍縮に向かうと思いますし、だから個人的には賛成しているのです。

RK　米軍は年間80兆円の軍事予算という、全世界の軍事費の合計より多く、しかも全世界の軍隊と戦っても勝っちゃう規模。今までが異常すぎたんですよ。

BF　そうなんです。だからペンタゴンは、アメリカの国力に合った、身の丈に合った軍隊に戻そうとしている。そうしないと新時代に生き残れないと考えている。

あと、これはペンタゴンの幹部から直接聞いた話だけど、米軍がいちばん恐れているのは、旧ソ連の二の舞になること。ソ連軍の高級軍人は、年金ももらえず、タクシーやトラックの運転手をするハメになった。冷戦崩壊後、米軍は巨大な組織で、このままでは大量の失業者が出る。なんとか、米軍を維持する必要があって、それで米軍の縮小・解体を要求された場合、「世界最悪の軍隊」というレッテルを張られて世界中から責められるくらいなら、無理やりにでも第三次世界大戦を引き起こして、自分たちの組織を守る」と、冗談抜きで言っていました。

その話を聞いてから、あまり米軍を追いつめない方がいいと考えるようになりました。米軍は正真正銘の「国防軍」と、それ以外の余剰戦力は世界平和のための「治安維持軍」にすればいい。各国にレンタルするんです。米軍をガードマンとして雇う。どうせ、兵器や訓練した人員が余っているんだから、それはそれで、悪くないアイディアでしょう。

「南沙の軍事緊張も一種の儀式、つまりはヤラセだったんです」

RK　日本のメディア、というか、ユダヤ資本に支配されたメディアは、2015年10月に起こった「南沙問題」でこぞって、「すわ、米中が軍事衝突か!?」と大騒ぎしていた。ベンジャミンさんの解説によれば、あのキナ臭い時期には、このダンフォードが米軍の制服組のトップだったわけですね。

〔解説〕**南沙問題**

中国政府が人民解放軍を使って南沙諸島（スプラトリー諸島）に3000メートル級の滑走路を建設して武力による実効支配を推し進めたとして、米軍が2015年10月、空母打撃艦隊を派遣したことで軍事衝突寸前まで緊張が高まった。結局、中国政府が「軍事利用はしない」とトーンダウンしたことで衝突は避けられた。日本国内の世論は「やはり中国は危険な国」という印象が強まり、とくに、この海域が日本のエネルギー資源の重要シーレーン（海路）ということもあって、保守系メディアは「中国による油断の可能性」を指摘、安倍政権の安保法制成立を支持した。

BF　そう。だから、あの軍事的緊張は、一種の「儀式」。つまり、ヤラセだったんです。

RK　まず理解すべきなのは、この「南沙問題」がユダヤによる謀略という点です。

この海域には推定埋蔵量2000億バレルというサウジアラビア並みの石油資源があった。当たり前だけど、ここに巨大な海底油田基地ができれば、日本はもとより、中国も非常にありがたい。

わざわざ中東からの輸入を減らせて輸送コストも大幅に下がって、いいことづくめとなります。

私自身、南沙だけでなく、北方領土問題もとっとと片付けて、サハリンから天然ガスのパイプラインを通せばいい。すでに北海道から本州まではガスのパイプラインは通っているわけで、あとは宗谷海峡の何十キロかパイプラインを通すだけで、エネルギー問題は即座に解決します。油断とかいわなくてもよくなります。そうしてパイプラインで運んだ天然ガスをどんどん備蓄しておけば緊急時にも対処できます。それをやればいいのです。


BF その通りです。本格的に開発されちゃうと、ロックフェラーやロスチャイルドのエネルギー戦略を根底から覆すことになる。だから徹底的に邪魔したわけです。その手っ取り早い方法として領有権問題を拗《こじ》らせようという謀略をするわけです。コシミズさんが指摘するように、尖閣もそうだし、竹島、北方領土。全部、同じ手口です。なんとかの一つ覚え。

ワシントンDC勢力は、まず、領有権問題を仕込んでおいて、今度は「領有権問題には中立」というスタンスで煽っていくんです。領有権問題がこじれれば、当然、当事国はなんとかアメリカを味方にしようとすり寄るし、仲違《なかたが》いさせるのも簡単です。

中国と日本が仲よくすれば、尖閣で煽って喧嘩させちゃう。韓国とは竹島、ロシアとは北方領土。日本が仲よくしようとすると、必ず、領有権で揉めて、経済協力や軍事協力がおじゃんになっていることからも分かるでしょう。

RK　現在、領有権を主張しているのは台湾、フィリピン、ベトナム、マレーシア、ブルネイと中国です。これだけごちゃごちゃになれば、当然、油田開発などやりたくてもできない。そうして、南沙の油田を潰してきたんですね。

BF　どうして中国は、急遽、強引な方法をとったのか。この解析も難しくない。解決の目処《めど》が立ったからです。２０１５年1月以降、何があったのかを考えればすぐに分かります。

RK　ＡＩＩＢ（アジアインフラ投資銀行）の発足ですね。

BF　そう！　ここ、重要なんですけど、台湾なんて２０１５年11月に加盟が承認されているくらいです。

ＡＩＩＢは中国が金を出してアジア各国のインフラ整備をする投資銀行。つまり、中国はＡＩＩＢを通じて南沙で開発した油田の利益を関係国に分配する「スキーム」を作ったとみるべきなのです。逆に言えば、ＡＩＩＢの発足に目処が立ったから、多少、強引な手法で南沙を押さえた。領有権を主張している国だって、別に「領海」がほしいわけじゃなく、そこで開発した利益、ようするにお金が欲しい。ところが現状では、油田開発ができない。ならば中国が強引に実効支配して、油田開発の利益をＡＩＩＢ経由で分配するならかまわないと考えた、これが答えでしょう。

ようするにケーキの取り分をめぐって喧嘩している子供たちに、お父さんがケーキを取り上げて、切り分けて渡したみたいな……。悪くない解決策。現状では、この方法しかなかった。

●「人工地震・ゲリラ豪雨・火山噴火、みんな米国1%の悪行です」

RK　ただ、僕はベンジャミンさんほど素直に米軍を信じてはいません。彼らが良い方向で変わるならば、それはそれでいいのですが、軍というのはオモテだけではなくウラの組織がある。とくに米軍は規模が大きすぎるためにウラの組織も小さくない。そこをきちんとチェックしていかないと、何かあった場合、取り返しがつきませんから。

米軍は人工地震の実行部隊だったという問題があります。ここで人工地震について説明しておきたい。

人工地震というより地震の発生メカニズムは、プレートテクトニクス（大陸移動）でプレートが地中深くに潜り込んで、そこで活断層が動いて地震が発生するといわれていますが、それだけではありません。地震は水素原子の核融合でも起こるのです。プレートが潜り込む際、クラックが入り、そこから海水が大量に地中に浸潤する。地球のコア（核）は核分裂反応でドロドロに融けた液体金属で、その熱でプレートが沈み込む場所はホットプルームといってマグマ溜まりがマントル層からせり上がってきている。マントル層は高圧力によって地熱は何千度という超高温になりますから、そこにプレートと一緒に水素原子が入ってくるとプラズマができて核融合するのです。その融合エネルギーでプレート全体を激しく揺らして地震が起こるのです。
つまり、プレートに大量の水を入れることが地震を誘発するわけで、地中深くマントル層まで達するほどの穴を開けて、そこに核弾頭を仕掛け、爆発させれば、全く同じメカニズムで地震が発生する。それをやってきたのが米軍の潜水艦部隊です。
どうして、あれだけウジャウジャと原潜を持っているのかといえば、原潜が、こうした深海工作にうってつけだからです。原潜は一度、出航すれば普通の軍隊ではまったく把握できない。そうしてホットプルームの場所に穴を開けて、いつでも人工地震を起こせる細工をして、実際に何度も引き起こしてきたのが米軍なのです。

BF　HAARP《ハープ》は、どうお考えですか?

RK　あれはオーロラの観測装置で、よくHAARPを電磁波で人工地震を起こす装置といっていますが大間違いです。巨大地震は、そんなことでは起きません。

BF　なるほど。米軍が気象兵器を持っているのは事実ですしね。

RK　人工地震については、大量の原潜による深海工作をするとイルカやクジラが大量座礁してしまう、結果として謀略が露見してしまうために、現在はそこまで上手《うま》く機能しなくなっています。
そこで米軍、というか、ユダヤ勢力下にあるウラの組織は、人工衛星による気象兵器を使っている形跡があります。これも皆さんに理解しておいてほしい。

米軍が大量の軍事目的の衛星を打ち上げているのはご存じでしょう。スパイ衛星やキラー衛星（敵国の軍事衛星を攻撃する衛星）だけではありません。そこには太陽光発電衛星があります。大型の太陽光パネルを宇宙空間で広げて、それで得たエネルギーをマイクロ波に乗せて送り出す。それを地上のパラボラで受信するのが次世代型のソーラー発電システムとなり、すでに実証実験も終わって実用段階に入っている技術ですが、米軍のウラ組織は研究に余念がありません。

このマイクロウェーブを海面に照射するとどうなるのか。電子レンジと一緒なのだから海面温度が急上昇する。これが気象兵器になるのです。天気予報でも「海面温度が高いために台風が成長し、大型になりました」というでしょ。あれを人工的にやるわけです。

この20年、やたらと日本に大型の台風がきて、毎年、人命を含めて大きな被害が出ています。不思議に思いませんか？　ユダヤに支配されたメディアは、二酸化炭素詐欺で「地球温暖化」を理由にしますが、まったくの嘘っぱちです。あれは米軍のウラ組織が日本に向かう台風を巨大化させてぶつけているんです。そうして日本を脅して金を巻き上げる。ユダヤ勢力にたてつく政治家がいる地元を狙って台風を仕掛けるのです。

台風だけではありません。このマイクロ波を雨雲に照射すれば、雲の水蒸気が過熱されて大きな雨粒となって一気に降り注ぎます。もうおわかりでしょう、ゲリラ豪雨です。

やはり、この20年、日本中、とくに首都圏や都市部でゲリラ豪雨が頻発しています。これも雨雲が出たとき、天空からマイクロ波を当てているわけです。マイクロ波を当てたゲリラ豪雨には変な筋状の雲が出る。それでゲリラ豪雨が自然現象ではなく、意図的な気象兵器による攻撃と分かるのです。実際、2014年の広島市北部で起きた大規模地崩れは、この兵器で起こされた可能性が高い。なぜなら、先ほど申し上げた不自然な筋状の雲ができていたからです。

この天空のマイクロ波攻撃衛星は他にも用途があり、私は火山の噴火もそうじゃないか、と睨んでいます。長野・御嶽山《おんたけさん》の噴火（2014年9月）も火山性微動といった予兆が全くなく、突然、大きな爆発をした。火山学ではありえない状況なのです。私の見立てでは、火山の火口にマイクロ波を照射した結果、何らかの作用が起こって噴火したのだと考えています。その作用は私自身、専門家ではないので未解明なのですが、その可能性は充分にあると思います。

私は米軍が正常化するというのは、こうした過去の悪行、ウラ組織のやってきた罪をきちん明らかにして償う必要がある。仮にそれができれば、本当に世界は変わるでしょう。

「日銀は今や〝FRB日本支店〟に堕しました」

BF　話を安倍政権に戻しましょう。金融ジャーナリストとして言わせてもらえれば、アベノミクスなんて、とんでもない失敗政策ですよ。ただ、国債を日銀に無条件で引き受けさせることは日銀を政府の管理下に置いて「円」を政府紙幣化する第一ステップになります。あとは国債をそのまま返済しなければ、それって政府発行紙幣ですから。

RK　FRB（アメリカ連邦準備制度理事会）も日銀も、ロスチャイルド、ユダヤ金融の支配下にあります。だからこそ制度上は、「中央銀行」は政府から独立した民間銀行になっている。アメリカは連邦予算を組んでもドルを自前で用意できない。ドルの発行権をユダヤ勢力に奪われているからです。

BF　そう、ドルは「お金」じゃない。ただの「引換券」、借金の証文なんです。実際、アメリカ政府は年間予算を組んでもドルを発行できないから、仕方なく米国債を刷って、それをFRBにもちこんでFRBが刷った借金の証文、はっきり言えば借金札としてドルを受け取っている。事実、ドル札には、ちゃんと「NOTE《ノート》」と書いてありますもんね。紙幣「BILL《ビル》」ではないからドルは国債の金利分が目減りしていきます。

RK　そのFRBですが、ドル紙幣を発行すればするほどユダヤ資本の利益になる。

さらに言えば、金融緩和されてジャブジャブに水増しされた円資金が、米国債の買い上げや日本の八百長株式市場を通じて、そのままロスチャイルド、ユダヤ金融勢力へと流れ込んでいます。なんともぼろいというか、酷い搾取をされてきたんです、私たち日本人は。日銀なんて「FRB日本支店」です。

BF　政府発行紙幣が作れない以上、国債を日銀に引き受けさせて「円」を強制的に刷って政府が「円」の流通量や発行量をコントロールする。これ自体は悪くない。
　問題なのは、政府が手に入れた「円」を何に使うか。ちゃんとした投資、将来性のある分野に積極的に使うなら「大正解」となる。
RK　まったくです。ここで安倍政権は「量的緩和で円安にして輸出を増やす」という方針を打ち出した。経済をいくらかでも知っていれば、まったく無意味というのはすぐ分かる。
　これだけの経済大国になった日本で、1960年代のように冷蔵庫やテレビを世界中に売って商売できるはずはない。すでに「日本で作らなくていい商品」は、日本メーカーはこぞって生産拠点を海外に移している、だから円安に振れれば、家電製品などは輸入するだけで、当然、円安で値段は上がる。高く買うわけだから生活水準は落ちちゃう。
BF　「日本でなければ作れない商品」は、円高時代でも、ちゃんと国内で作り、高くても売れていた。工作機械（マザーマシン）や中間材、精密機械の中核部品などがそうです。これらは円高でも売れるし、円安になったからといってバカ売れすることもない。その意味で円高のほうが輸入品は安くなって生活水準は明らかに上がります。
　よく民主党政権時代と比べて、安倍政権で景気がよくなったという評論家がいますけど、何をバカなことをいっているんだ、です。これだけ原油安になっているんですから、円高ならば、相乗効果で物価がものすごく下がったはず。ガソリン代がリッター50円になっていて当然なわけですよ。
本来ならば国債引き受けで得た「円」を使って、いろんな投資に回すことで過剰なデフレを回避すればよかった。海外から商品をどんどん買い、将来に向けた産業を育成する。そういう貢献を日本はできたのに、それを潰したのがアベノミクスの実態です。

RK　はっきりいえば日本の富を「米国1％」に売り渡すスキームでしかなかった。

BF　アベノミクスで典型なのは、量的緩和で上がるのは「日銀の株」と「日経株価」。そして下がるのは「家庭消費支出」と「生活水準」です。

「アベノミクスが日本の富を売り渡したのです」

RK　誰が日銀株と日経の主要株式を保有しているのか、それを考えれば、すぐに分かります。答えは米国1％の連中。単純に日本の各家庭の「お金」がどんどん減って、それがそのまま日経の株価を通じて、ユダヤ資本へと流れているんです。ベンジャミンさんが指摘するように、日本人の生活水準と家庭消費が下がって日経株価だけが上がるんです。
とはいえ、世界的な株安の影響を日本市場ももろに受けて、上がるはずの日経株価もジリ貧の市況、断末魔の喘ぎぶりです。

BF　日経株価がどうにか上がっていたのは、ここに日本最大の財産である郵貯マネー、「ゆうちょ」「かんぽ」「農林中金のJAマネー」「年金マネー」を突っ込んでいるからで、もっとたちが悪い。

RK　ゆうちょは貯金残高177兆円、かんぽは総資産90兆円、農林中金は80兆円。これに年金が180兆円。トータルで520兆円を安倍政権は「アベノミクス」という経済詐欺でユダヤに売り渡そうとしているんです。とんでもない売国奴ですよ。

BF　実際、安倍政権は、ゆうちょとかんぽを2015年9月、同時上場させた。すでに奪い取る体制はできています。

RK　それに先立ち、JAバンクもTPPに併せて農協解体を閣議決定してしまった。これで2019年までに農協を一般社団法人にする。当然、JAマネーは、郵貯マネー同様、株式という賭場のタネ銭にされ、胴元（ユダヤ資本）に奪われるだけです。

だいたい農協解体は、例のアメリカの「年次改革要望書」の命令です。

気がつけば、年金は支給されず、貯金は紙くずになっていく。一刻も早く、この売国政権を潰さないと、本当にそうなってしまいます。

この現状に追い打ちをかけたのがマイナス金利でしょう。銀行に預金しても金利がマイナスで、どんどん減っていくわけですから、それを投資に回す、その投資先は株式になって、それで株価が上昇する。ホント、そう安易に考えたのが見え見えですし、マスコミを使って盛んに煽っていますが、日本人もそこまでバカではない。今、売れているのはタンス預金用の金庫というのが、それを証明しています。まあ、金庫は金庫ごと盗まれる可能性もありますから、私はタンス預金ではなく、土中預金をお勧めしたい。壺かなんかに油紙を敷いてお金や有価証券を入れておけば、火事になっても大丈夫です（笑い）。

米国1％のための日銀マイナス金利ですが、銀行の経営を圧迫するだけでなく、中小・零細企業を窮地に追い込む愚策であったわけです。マイナス金利で銀行が疲弊すれば、貸し倒れを恐れて貸し渋りをする。中小企業にまずしわ寄せが来る。倒産続出となる。

マイナス金利には何ひとつ良いことなどありません。単に異次元とやらの金融緩和で余った円が、米国1％の勢力に流れ込むように企んだだけだったのです。日銀がＦＲＢ東京支店に過ぎないことを日本人は知らねばなりません。

〔解説〕**マイナス金利の衝撃**

日本銀行（日銀）は２０１６年1月29日、マイナス金利政策の導入を決め、13年に導入した量的・質的金融緩和（異次元緩和）は大きな転換点を迎えた。マイナス金利政策の導入は賛成多数で決まったが、決定会合では賛成５人、反対４人と意見が割れた。黒田総裁は「今後は量・質・金利の３つの次元で緩和を進めていく」として、マイナス金利の導入は「金利全般を押し下げ、消費や投資を喚起する」と説明した。一方、反対した審議委員は「実体経済に大きな効果をもたらすとは判断されない」「資産買い入れの限界と誤解されるおそれがあり、混乱を招く」と指摘している。

「風俗嬢のルックスレベルで経済危機が察知できます」

BF　景気がよくなっていないのは、「AV嬢」が可愛いことからも分かります（笑い）。実は景気と風俗嬢のルックスは、反比例するんです。景気がいいと、アダルト女優はどんどん、不細工になり、逆に景気が悪いと美人が増える。経済のイロハです。

風俗業界に詳しいライターさんに教えてもらったんだけど、いま、風俗で働いても、フルタイムでやって月30万円も稼げれば御の字で、生活のためにコンビニでバイトをする風俗嬢までいるそうです。フルタイムの風俗嬢でもバイトしないと生活できないんですよ、今は。

RK　へー、本当ですか!?

BF　男性もお金がないから風俗店に行けなくなる。すると値段を下げざるを得ない。ところが給料や生活費が足りないんで女の子は働こうとするでしょ。その結果、可愛い子が入ってくる。数少ない客もそこに集中しちゃうから、並みのルックスの女性は、そのくらいしか稼げなくなっているというんです。
実際、風俗で月30万円稼げる女性は「勝ち組」として、周囲の子から「すごい」とあこがれの対象になっているといいます。成功体験になっちゃうから、堂々と、私は風俗嬢です、AV嬢です、と胸を張ってしまう。とはいえ、普通の子が風俗やAVで働きたいはずはない。でも、それをしないと生活できないからやっている。これでも政府・日銀は「景気は回復している」と言い張るのでしょうか。

RK　「最貧困」という言葉もありますしね。

BF　コンビニのバイトにすら採用されないようなニートは何十万人もいるそうです。彼らは、今のところ、親と同居しているから生きていけますが、親が定年を迎えれば大変ですよ。同様に高齢者の貧困層もたくさん居る。今は、高齢の貧困層もぎりぎりでやっていけていますが、何十万人の中年となったニートが社会に放り出されれば、最も被害を受けるのは貧困の高齢者層です。弱者は、より弱者を「食い物」にしないと生きていけない。さっきの風俗の話を教えてくれたライターも「風俗ですら働けない層」が生まれて最貧困化していると言っていました。
普通の子が風俗に来るというのは、言い換えれば、それまで普通の子がバイトしていた仕事を、これまで「バイト」をしなくてもいい層に奪われてしまったから風俗や水商売に来ているそうです。では、今まで風俗や水商売をしていた層は、何ができるのか、どうすればいいのか……。ホームレスか、生活保護しか残っていない。

RK　現実に生活保護も申請が厳しくなっている。行政は明らかに「見捨て」ようとしています。予算がないから、と。日本人の命を救う金をユダヤに渡しているから、財布が空っぽになった。日本人を殺してユダヤに貢いでいるんです。

BF　ナチスですよ。安倍政権の問題は、安倍晋三という人物が「ナチス」的な思想を持っている連中の支配を受けていることです。貧困層を作って、その貧困層を切り捨て間引いて、それで浮いたお金をワシントンDCに渡すよう命じられている。ワシントンDCに貢ぐ金がなくなったというより、ワシントンDCの求める額が大きすぎるから、その金を工面した結果、かつての1億総中流のうち、結果的に半分以上が下流層になった。そうして浮かせた金で貢いでいるわけで、本当に酷い話ですよ。

「〝国家のヤミ金〟奨学金ビジネスを放置するのは誰だ⁉」

RK　風俗の話が出たので、私も話しますと、この問題は大学の奨学金、いや、奨学金という名の「サラ金」＝消費者金融が原因です。

2001年、小泉純一郎政権は、未納問題があった日本育英会の奨学金制度を、例の「骨太の改革」で育英会を潰して２００４年から「日本学生支援機構」に移管しました。この学生支援機構は年金などの公金を原資にして学生に貸し付ける制度に切り替えた。一見すれば何の問題もないようだけど、公金なので取り立ては税金同様、政府が全面協力します。その一方で審査基準は消費者金融並みに甘くて、学生が申請すれば年額最大で２００万円まで簡単に貸してくれます。消費者金融より簡単に貸してくれるのです。

〔解説〕大学全入時代と奨学金問題

日本の大学は70年代半ば以降、授業料の値上げが繰り返され、学費は世界で最も高いレベルになっている。他方で家計収入は90年代以降減少を続けており、大学に行くためには奨学金に頼らざるを得ない学生が多くなった。現在、大学学部生（昼間）の約50%が何らかの奨学金を利用し、約３人に１人が「日本学生支援機構」の奨学金を借りるまでになっている。諸外国では奨学金の相当部分が給付型であるのに対し、日本の奨学金のほとんどは貸与であり、機構の奨学金は全部が貸与である。機構では当初、無利子の奨学金の一時的な補完措置とされた有利子の奨学金が拡大を続け、今やその事業予算は無利子の3倍となっている。延滞金の利率も年10%と高く、返しても返しても元金が減らないケースも少なくない。

RK　メディアでは、この「奨学金制度の改悪」に合わせて、こう煽っていきました。

「2001年から大学は全入時代に突入した」「大学に行かなければ就職先はない」「大学院に行ってはじめて、かつての大卒並みだ」

そもそも2001年から日本の世帯収入は下がりっぱなしです。しかも2015年現在、学費は私立大平均の年85万円に対して国立でさえ年50万円なのだから、当然、子供を全員、大学に進学させる経済力のない家庭はたくさんあります。

だから学生たちは、この「国家のヤミ金」に手を出す。結果、どうなったのか。卒業段階で800万円とか400万円の借金を背負って社会人になるわけですよ。毎月の返済額が10万円にもなるのです。ダブルワークでもしなければ、まともな生活もできない。それこそ女の子なら風俗で働くしかないし、男性ならば風俗にも行けない状況になります。

さらに悪質なのは、親の世代は「育英会」の時代で、当時の利用者は2割程度、しかも学費免除や一定の条件を満たせば返済免除もあった、だから親の世代は奨学金を「借金」と考えず、反対するどころか子供に安易に勧めて借金地獄に落としてしまったのです。

いま、そんな借金地獄の学生が、どのくらいいるかご存知ですか？　なんと奨学金利用者は全学生の5割を突破しているのです。

BF　アメリカの場合も大学の学費が高すぎて、奨学金で借金漬けになっています。貧しい家庭が大学に無償の奨学金で行く最も確実な方法は軍隊に入ることです。
RK　そこです。安倍政権は、おそらく数年のうちに奨学金の返済免除に「自衛隊入隊」もしくは「軍属」の条件を出してくるはずです。
BF　アメリカでは、これを「経済的徴兵制」といっています。日本もそうなる土壌がすでにできているわけですね。
RK　はい。本当の「戦争法案」の隠された意図は、今の20代を奨学金制度で借金漬けにし、返済免除をエサにして一気に自衛隊に入れるシステムに切り替えていることなのです。
BF　貧困の問題は、日本では見えにくい。いつの間にか、ホームレスも街から消えました。以前は新宿駅に顔なじみのホームレスが何人かいたんですが、全員、どこかに行ってしまった。聞いた話ではホームレスを収容所に連れてきた人に「5万円」の報奨金を出して街から消したそうです。その後、彼らがどうなったのか、何をしているのか、あまりメディアで報じないでしょ。おそらくは収容所で寿命を縮めているのではないでしょうか。
あと、介護の現場も「人手不足」といいながら、その現場の実態についてメディアは報道したがらない。ボクが取材したところ、さながら「姥捨て山」のようになっていて、お年寄りの方は、酷い介護によって、どんどん亡くなっているそうです。
本当にナチスの政策と一緒。弱者を間引いている。ここが安倍政権最大の問題なのです。

検索
検索データ
free-float equity market capitalization ($bn)
United Kingdom
2,691
Norway
Sweden
Finland
Denmark
Russia
Netherlands
Poland
Canada
1,156
Germany
1,194
China
889
South Korea
ed States
9,731
France
1,313
Switzerland
1,275
Taiwan
Japan
3,006
Hong Kong
Australia
ホームページ更新情報

●――「籾井NHKの局内には米情報部の秘密セクションがあるのです」

BF　ボクは芸能情報にホント、疎《うと》いんですけど、それで出版社によっては、わざわざ調べてくれることがあるんですよ。

そんななかで、面白かったのが去年（2015年）の「花燃ゆ」というNHKの大河ドラマです。調べてもらったところ、NHKの内部では「安倍政権に阿《おもね》るための『うれションドラマ』だった」と嘆いているというんです。

RK　うれションって何ですか？

BF　犬のなかには、ご主人様に撫でてもらった嬉しさのあまり、オシッコを漏らして、そのオシッコの上でお腹を出して転げ回ったりするのがいるでしょ。もちろん汚いので飼い主としては困るんですが、それでも、なんか、かわいい。「オシッコ漏らすほど嬉しいのか」って。

つまり、「花燃ゆ」という大河ドラマは、出来が悪ければ悪いほど、内容が酷ければ酷いほど、「ああ、安倍様が飼い主で嬉しいです」と、オシッコ漏らして転げ回っている姿として安倍政権に見てもらいたい、そう考えてNHKはわざと、ああいう酷いドラマを作ったというんですよ。

これは『週刊ポスト』（2015年1月30日号）が報じたそうですが、どうして、こんな主人公を決めたのか、舞台となる山口県の萩市を取材したところ、制作発表の3カ月前（2013年9月）に、突然、NHKのチーフプロデューサーが萩市役所にやってきて、「なんでもいいから長州ネタでドラマの題材になりそうな人物は居ないか」と市の観光課に依頼して、そのとき、たまたま出たのが、くだんの主人公だったというんです。

このドラマに合わせてNHKは、安倍政権の指示通り、籾井勝人《もみいかつと》をNHK会長として受け入れています。この籾井が就任した2014年1月、最初にしたのは「NHK放送センター建て替え」決定です（日経新聞2014年1月9日付）。2025年までに総額約3000億円をかけて建て替えをするといっているそうです。新国立競技場より、このNHKの建て替えのほうが断然、大問題でしょう。受信料は、いわば税金と一緒。NHKはまるで売り上げのようにいっていますが……。

RK これは私の主張の根幹部分ですが、NHKもその他の民放も、もっといえば新聞も雑誌だって、既存のメディアはもはや過去のものです。いまや自らがネットから情報を仕入れる「ネットの時代」であり、「ネットこそが最高権力である」。だからNHKがどんなに安倍政権に取り入ろうと足掻《あが》いても、早晩、その影響力は急速に失われていきます。

その日が一日も早く訪れるのを心待ちにしているのですが、とはいえ、2016年の現時点ではまだまだNHKのニュースを真実だと鵜呑《うの》みにしている層も多いわけですから。

BF そもそもNHKは2002年の日韓ワールドカップで、デジタル用施設などは揃えて、当面、建て替えの必要はないといっていた。事実、石原慎太郎知事の東京オリンピック招致（２００６年）で、石原から築地市場の跡地への移転を打診されたとき、そういって断っています。

じゃあ、なんでいきなり建て替えを決めたのかというと、２０１３年1月、東京オリンピックが正式に決まったでしょ。そこで安倍政権は「オリンピックに合わせて、NHKとは別にネット専門の国営放送を作る」と盛んにアピールした。この脅しに屈したんですよ。NHK民営化の話が浮上するのを恐れたんでしょう。６５００億円という受信料がなくなるぐらいなら、そりゃあ、安倍政権にすり寄って、媚びまくり、オシッコ流して転げ回りますよね。

２０１４年10月13日付けのイギリス・タイムズ紙に「Japan's 'BBC' bans any reference to wartime sex slaves（日本のBBC〔NHKのこと〕は従軍慰安婦問題で規制を受け入れる）」という記事が出ました。内容はタイムズ紙の記者がNHKの内部文書を入手し、そこにはNHKは安倍政権の要請を全面的に受け入れて、「従軍慰安婦」「尖閣問題」「南京虐殺」「靖国神社」など、すべて安倍政権の定めたNHK報道のガイドライン「オレンジブック」に従っているとスクープしました。

そういえば、以前、知り合いのジャーナリストからNHKの局内には米軍の情報部が常勤している秘密の部署があると聞きました。

英紙タイムズ（電子版）がその存在をスクープしたＮＨＫ内部文書。「慰安婦」「尖閣諸島」「南京事件」「靖国神社」などの微妙な問題での報道を規制するガイドライン集。たとえば慰安婦問題では、「〝いわゆる慰安婦〟という表現は、〝慰安婦と呼ばれていた〟〝慰安婦として認識されていた〟と言い換える。原則として慰安婦について説明を加えないこと。〝強いられた、売春宿、性奴隷、売春、売春婦〟といった用語は使わないこと」などとされていた。この国際報道に対して籾井ＮＨＫ会長は記者会見で「〝この件については触れてはならない〟といったルールは一切ない」と抗弁した。

ＲＫ　こういうみみっちい言論統制を仕掛けてくるところが安倍政権のいやらしさ、いや、安倍晋三という人間の卑しさでしょう。

〔解説〕**安倍政権によるメディア規制**

日本国内ではまったく報道されないが、英紙ガーディアンは「アベ政権のメディア弾圧が日本の国際的信用を失墜させている」と、現政権に批判的なニュースキャスターの降板が相次ぐ日本のテレビ業界を断じ、「年々排他的傾向にある安倍首相や彼の支持者によるメディア弾圧の一環によるものだ」と大きく報じた。おりしも高市早苗総務相の「電波停波発言」や安倍チルドレン右派議員の問題発言なども相まって、安倍政権への批判が高まっている。

BF ネットを使った世論誘導も露骨です。自民党ネットサポーターズ（JNP）は、安倍政権のネット工作機関でしょう。公称で1万人の工作員を駆使して徹底的に世論を操作しているのは有名な話です。実働部隊の指揮官は腰巾着の世耕弘成と山本一太といわれています。

RK だから「ムサシ」と「偽票書き」を駆使して不正選挙をしても、偏ったメディアの情報しか見ていない層は「自民党が勝って当然」「野党共闘は野合」というネット工作をそのまま鵜呑みにして信じてしまう。

BF 安倍政権になるまではネットで「真実」に目覚める人が多かったのに、2013年以降、むしろ、ネットで洗脳されている人が増えているのが現状です。

以前、「2ちゃんねるの乗っ取り」を編集者に調べてもらったんです。創設者の西村博之氏が「シンガポール資本」の詐欺で2ちゃんねるを乗っ取られたという騒ぎですが、細かい経緯は省略しますが、2014年3月、乗っ取られた2ちゃんねるは、新しい管理人のもとで「まとめサイト」への移転を全面禁止にした。この「まとめサイト」というのは、2ちゃんねる内の議論（スレッド）を抽出してネットに記事として配信します。

〔解説〕既存メディアより影響力を持つ「まとめサイト」

まとめサイトとは、特定の話題に関する情報を収集・編集したウェブサイト。「キュレーションサイト」ともいう。インターネットの発達により情報量が膨大になるとともに、大きな影響力をもつサイトも多数出現した。そのほとんどを外国企業が運営しているのも特徴であり、たとえば「ライブドアブログ」や「NAVER」は韓国の「ネイバー」の100%子会社である「LINE」が運営し、「FC2」はアメリカに本社を持つ。このため不適切な記述の削除要請や訴訟活動が難しいという問題を抱えている。

BF　2ちゃんねるからコメントをコピペするだけですが、それなりに人気になると広告費として月30万円ほど、人気になると月100万円もの収入になるそうです。それで2012年以降、プロになって専業化した管理人も増えていた。

ブログの広告費はページビューの数で決まります。そこに転載禁止によって記事が更新できなくなれば、一気に閲覧数が落ちて収入がなくなります。そうして、いくつもの有名ブログが潰れていきました。そしてその乗っ取り騒動が終わったあと、ある異変があったそうなんです。

それは、まったく同じタイトル、管理人の名前なのに、突如、編集方針というか、記事の内容が過激になり、やたらと安倍政権に媚びる一方、なぜか中国や韓国を異常に毛嫌いするサイトが増えたというんです。

RK　裏から乗っ取ったんでしょうね。

BF　ボクのエージェントはボクの書籍の評判とか調べてくれていて、それで、これまで新刊が出ると積極的に紹介してくれる「まとめサイト」があったというんです。そのサイトはロスチャイルドやイルミナティのアンチを掲げていて、こつこつ、情報を集めていたようです。ところが、そのサイトが突如、「ベンジャミン・フルフォードはクローンで、今のベンジャミンは偽物だ」と決めつけ、今後、ボクの情報は紹介しないと宣言。反中嫌韓サイトに鞍替えしたそうです。

面白いのは、それまで安いサーバーを使っていたのか、ページ更新が重くて、広告もアダルト関連が中心だったのに、ボクを一方的に切り捨てたあとには、サーバーが増強され、広告主の企業も一流どころになったそうです。アダルト系の広告の場合、規制が緩いんですよね。ユダヤ御用達のグーグルは、「URL」も張らせず、ちょっとした内容でもすぐに削除します。「真実系」のブログは、どうしてもアダルト広告を入れざるを得ないのが実情でしょう。アダルト広告は、アダルトというだけで、記事を読まずにサイトを遮断する人も少なくないですし、イメージが悪くて信憑性も落ちやすい。そういう狙いがあって、わざとやっているんですよ。ともかく、この2ちゃんねる騒動以降、人気の「まとめサイト」の多くが乗っ取られたというんです。

人気のまとめサイトは、1日何万人もが読む。下手な雑誌や新聞より影響力があるのに、それを作っている「管理人」は、編集長のように表に出てきて、自分のポリシーを語ったり、編集方針をコメントしたりもしない。顔どころか名前すら出さない。管理人が入れ替わったところで外からは何も分からないんです。

乗っ取り騒動で兵糧攻めにして、一気に支配下に置くのは、案外、簡単だと思います。結局は数十万円の金なんだから。一流雑誌を籠絡《ろうらく》するのに比べれば安いモノ。なのに影響力は大きい。やらないはずはないでしょう。

RK　そう指摘されてみますと、自民党、いや、安倍政権の世論誘導が露骨になった時期とぴたりと一致します。あれだけ安保法制に反対する人がいたのに、ネットだけ見ていると、あたかも「賛成者が多数派」「反対者は非現実的」という印象すらありました。

BF　2014年の「次世代の党」の不正選挙もそうです。ネットだと圧勝しそうだったのに、蓋を開けてみれば田母神俊雄は最下位で落選。あまりにも得票率が低くて、ムサシの票読みでも操作できなかったわけですが（苦笑い）。

もともと安倍政権は2012年末の段階で、国務省とペンタゴン両陣営の「妥協」の産物として日本の総理の座に据えられたはずです。

ところが、この二大勢力が分裂して、対立するようになった。それで安倍晋三は、分裂した指示を受けて言動がブレまくっています。ようするに安倍はパペット。本人は何も考えていないし、考える力もないんでしょう。それならいっそ、写真パネルでも置いておけばいいんです。

「自公がAチームなら民共はBチーム、どちらも米国1%の犬です」

RK　そこに安倍晋三という人間の卑しさがあります。だからこそ、この政権は絶対に打倒しなければなりません。そこで今、大きなプロジェクトを考えています。

RK独立党として次の選挙に打って出ようか、と。

BF　政党としてですか？

RK　はい。たとえば私でもいいですが、誰か一人を候補に立てて選挙に出ることはできます。でも、それをしても間違いなく不正選挙で潰されるだけ、法定得票数の確保も難しいです。メディアだってきっと、「泡沫候補」との扱いでしょう。

しかし、政党として出馬すればNHKで堂々と政見放送ができます。メディアの党首討論にも呼ばれます。そうしてRK理論をより多くの人に知ってもらうのです。

BF　不正選挙の実態を政見放送で暴露もできますしね。ですが資金が……。

RK　問題はそこですね。参院選の供託金は選挙区なら300万円ですが、やはり、比例代表のほうがアピールできます。その場合は600万円の人数分となる。仮に10人の候補とすれば6000

万円かかります。選挙活動コストも考えれば「RK独立党」が出馬するには最低でも億単位の資金が必要となります。

そこで候補者だけでなく、スポンサーも探さなくてなりません。残念ながら2016年7月の参院選は厳しい。ですが、その準備はきちんと進めていくつもりです。

まず候補者はRK理論を学んでもらった人という条件はありますが、みなさんが驚くような人をスカウトしたいと思っています。

もちろん、誰もが知っているビッグネーム。それを4人ぐらい揃える。そうして、誰がどう考えても最悪でも一人は絶対に比例代表で当選するような状況を作るわけです。

そうなれば実に面白い状況が生まれます。

いつもの「不正選挙」でうちが落選すれば、当然おかしいとなって、不正選挙が行われた証明になります。国民に不正選挙の実態が明らかになるわけです。

それを恐れて当選させてしまえば、今度は国会の場で不正選挙、偽票書き、ムサシの問題を追及する。質問主意書で政府から言質をとる。ユダヤ支配の構造が国会の場で暴露されるのです。落選しても当選しても相手に致命傷を与えることができるわけです。

この状況にするには、誰の目から見ても、この人が落ちるわけはない、という候補者でなければなりません。それで今、いろいろと候補者を選んでいます。

たとえば石田純一さんなんか、どうでしょう。あるいは小保方（晴子）さん。もし、彼女を引っ張り出せれば、ＳＴＡＰ細胞がユダヤ勢力によって潰された問題も浮き彫りにできます。

あと、これは個人的なつながりですが、桑田佳祐さんは私の大学（青山学院大学）の同期です。彼も政権批判をしていますから候補者としてリストアップしています。

BF それは面白いですね。既存の政治家との協力は考えていますか？

RK 私は既存の政治家で認めているのは福田康夫さんだけです。彼だけが、唯一、日本のために働いた愛国的な政治家です。親父さん（福田赳夫元首相）はダメですが、彼は丸善石油（現コスモ石油）でキャリアを積んだとき、石油を通じて「世界」の実相を理解したのでしょう。渡辺喜美が日本の富１００兆円をユダヤに売り渡そうとしたとき、自ら総理を辞任して、それを阻止しました。素晴らしい政治家です。

以前は私も小沢一郎に期待した時期がありましたが、すっかり失望しました。あの政治家のやったことを冷静に見てください。民主党を割って議員１００人を連れて下野して、それが今はどうですか。きれいさっぱり消滅した。あれは「自爆テロ」ですよ。そうして自民党の代わりとなる民主党をガタガタにしたわけです。

今度生まれた民進党にも私はまったく期待していません。自公創価統一政権がユダヤ金融資本に恭順する「Ａチーム」だとすれば、民進党や共産党はそれを補完する「Ｂチーム」、どちらも「米国

1％の犬」です。「自民党のほうがマシ」と国民に思わせるためだけに存在する「かませ犬」政党なのです。民進党が酷ければ酷いほど、結果として自民党の支持率が上がる。そういう役割を担って、裏からこっそり金をもらっている連中ばかりになったのが、現在の民進党です。維新の党とくっついたところで「かませ犬」が、ちょっと大きくなる程度。それぞれに餌をやる手間が省けると、むしろ、自民党の背後にいるユダヤたちは喜んでいるくらいでしょう。

そもそも、「民進党」という新党名がそれを証明しています。次の選挙では「民主党」と書く有権者がたくさんいるから、無効票が大量に発生して、自公が勝った……という筋書きにできるわけですね。さすが、Bチーム政党です。自公売国政権のために、ホントご苦労様です。

そういえば山本太郎さんのお姉さんが「一緒にやりませんか」と私を誘ってきました。ですが、断りました。「山本太郎」さんと「仲間たち」にはなれません、と。発言じたいはまともですが、どこか、「かませ犬」役の民進党と同じ臭いがします。ああいう政党名にする感覚からして何か怪しいと考えています。

BF　RK独立党はどんな公約を掲げますか？

RK　もちろん不正選挙の問題も大事ですが、例のあの男のフレーズを借りるとすれば「ユダヤ支配から日本を取り戻す」（笑い）。安倍晋三は日本という国を「取り戻す」どころか、ユダヤに「売り渡した」。「日本を取り戻す」はRK独立党にこそ、ふさわしいフレーズです。

先ほども話した奨学金借金奴隷制度を潰す教育改革、三流の連中に潰されて「一流」が出世できなくなっている官僚システムの改革。あとは医療改革も進めていきたいですね。

ＢＦ　それは素晴らしい！　是非、実現してほしいと願っています。そのくらい、今の安倍政権は危険な方向に向かっています。

以前、出版社に「これが安倍政権を批判している芸能人、著名人です」というリストを作ってもらったんですが、芸能界に詳しくないボクでも驚いた。ほとんどの人が、これまで政治的発言をしていなかった人なんです。彼らもＲＫ独立党の候補者ですね。

ＲＫ　いや、ベンジャミンさんも候補者ですよ。他の著名人にも、お願いしたいと考えています。準備が整ったときには、一緒に頑張りましょう。

ＢＦ　（笑い）

第3章

世界は大宗教戦争に突入した！カオス化するイスラム情勢

日本人が苦手とするジャンルが「宗教」であろう。

とくに宗教による対立は日本人の宗教観では理解しにくい。

しかし現実世界では、その「宗教」による戦争が頻発している。

昨今のイスラム情勢は見方を変えれば「キリスト教」と「イスラム教」が文明の衝突を起こしているとみることもできよう。

一方でヨーロッパではイスラム教徒の難民流入で社会が大混乱を来している。これも宗教戦争という視点が必要となろう。

にもかかわらず、宗教問題だからと深く考えず、表面的な分析で納得している日本人は決して少なくあるまい。

ベンジャミン・フルフォード氏とリチャード・コシミズ氏は、特定の宗教を信仰することなく、ともに「原始宗教」的な価値観を持っている人物である。

とくにカナダ出身のベンジャミン・フルフォード氏は、キリスト教文化圏に精通し、上智大学を卒業。キリスト教文化には高い見識を誇っている。

また、氏の取材ネットワークは「ローマ教会」バチカンまで広がり、宗教問題では他の追従を許さないオーソリティでもある。

リチャード・コシミズ氏は、オウム真理教事件の背後関係の調査がきっかけとなってジャーナリズムに進んだだけに、氏のテーマは「カルト」に絞られている。そして世界を支配する究極のカルトとして「ユダヤ教」を捉えている。

現在、世界は宗教戦争の様相を呈している。表面的な浅い分析ばかりが氾濫する日本のお寒いメディア状況のなか、この二人にしか「見えない」事実とは、いったい、何なのか？

FACT対談から宗教問題を抜粋、再構成するとともに追加取材によって最新情報を付記した。

ディープなテーマながら非常に興味深い内容になっている。

宗教問題を苦手とする日本の読者にもわかりやすく、今、世界で起こっている実相が見えてくることだろう。

「宗教を悪用して世界中でやりたい放題、それがカルトです」

リチャード・コシミズ（以下RK）　僕が「ユダヤ」という言葉を使うのは、これが「カルト」だからです。宗教を悪用して洗脳し、でっち上げた「ユダヤ人」を使って世界中でやりたい放題をしてきました。カルトを使い、国家、社会、共同体を支配する。その典型的な手口が「ユダヤ」です。

ベンジャミン・フルフォード（以下BF）　カルト組織はナチスによる洗脳や人体実験をする場所としてワシントンDC勢力が作ってきました。よくカルト教団で集団自殺や大量殺人があるでしょ、たいていは、そうした実験の隠蔽なのです。

RK　統一教会や創価学会は、もちろんカルトです。

まず、統一教会、正式には世界基督教統一神霊協会というそうですが、教祖（創始者）の文鮮明《ぶんせんめい》は、当初は反共ではありませんでしたが、当時の韓国軍事独裁政権に取り入るために突然、反共を掲げ、1968年に「国際勝共連合《しょうきょう》」を日本で創設し、米国CIAの手先である韓国KCIAと手を組んだ。これによって、統一教会とCIAが結ばれたのです。

［解説］統一教会

キリスト教信仰のある朝鮮半島で生まれた新興宗教団体。韓国・ソウルに本部を置く。他の多くの宗教団体と異なり、朝鮮半島を超えて世界中に普及した。文鮮明(1920～2012)によって1954年に韓国で創設。当時まだ国交のなかった日本での伝道のため崔奉春(日本名・西川勝)を密入国させ、1959年に日本統一教会を立ち上げ、64年に宗教法人として認可された。過度の霊感商法や歌手・桜田淳子の合同結婚式参加、五輪体操選手・山崎浩子のマインドコントロール騒ぎなどで大きな話題を呼んだ。

RK　統一教会とCIAとの癒着関係は、日本にも波及してきます。日本では笹川良一、児玉誉士夫、岸信介の三人が文鮮明の手先としてつながっていた。彼らはA級戦犯でしたが、東條英機が処刑された翌日にGHQの命令で巣鴨プリズンから釈放されています。笹川・児玉・岸は「勝共連合」の結成に協力し、これで日米韓の軍部とCIAが連携プレーをするようになった。これによってユダヤ金融資本による日本支配の構造が確立され、朝鮮人脈が日本に君臨し、今に至っているというわけです。

岸信介の流れにある自民党の清和会も文鮮明の手先であり、CIAの支配下にあります。だから、岸の孫の安倍晋三が、統一教会に祝電を贈るのは当たり前なのです。小泉純一郎も、アメリカの情報機関では「隠れ統一教会員」と認識されていました。

BF　では、創価学会はどういう認識ですか？

〔解説〕**創価学会**

東京都新宿区信濃町に本部を置く日本の宗教法人。1930年創立。現在は創価学会インタナショナル（SGI）の日本組織。名誉会長・池田大作、会長・原田稔。当初は日蓮正宗内部の宗教法人格を持たない法華講として発足、後に独自の法人格を取得して日蓮正宗の法華講と完全に分裂して現在に至る。『聖教新聞』『創価新報』などの機関紙や、『大白蓮華』『グラフSGI』などの機関誌を発行。公明党の最大の支持母体であるとともに、自公連立政権下においては自由民主党の間接的な支持団体としても機能する。

RK　創価学会の組織はいわば、「（ヘドロ入りの）たい焼き」のようなもので、ほとんどの一般信者にはオモテの美味《おい》しそうなカリカリの衣の部分しか見えていなくて、中に餡ではなくてヘドロが隠されていることを知らない。ヘドロの強烈な悪臭が外に漏れ出すため、信者ではない一般の日本人は「胡散《うさん》臭い集団」だと思っています。

創価学会は日蓮の正当後継者が池田大作という体裁で、池田大作、本名「成太作」、すなわち「ソン・テジャク」が信者を支配しています。彼が在日なのは、僕が創価学会から一度も名誉毀損で訴えられていない事実が証明しています。そのソン・テジャクのありがたい「お言葉」で信者を洗脳して学会の私兵にする。その学会のパワーで選挙に介入、与党となって政権に関与する。やり口は、まさにユダヤと一緒です。

統一教会は「地上天国」、創価学会は「総体革命」、金日成は「世界統一」、ユダヤ権力は「大イスラエル帝国」(=ニュー・ワールド・オーダー)の妄想を掲げていますが、これらはすべて同じ目的であり、呼び方を変えているだけです。

BF 池田大作のカリスマ性、指導力は凄かったです。だから池田大作が倒れたあと、組織が機能しなくなっているのです。

「日本人なら八百万の神様を崇めましょうよ」

RK 現在の世界情勢を正確に理解するには、この世界が「宗教」=「カルト」によって支配されてきたという視点が必要です。本来は人を救うはずの「宗教」が悪用されて、世界を歪《ゆが》めてきた。日本人は、宗教、とくにイスラム関連の情報に本当、弱い。地理的にも遠いですし、神道というアニミズムなので一神教の価値観にも馴染《なじ》みが薄いからでしょう。

私自身の宗教観は実にシンプル。「八百万《やおよろず》の神様を崇《あが》めましょう」、これだけです。だからまったくお金がかかりません。神様は、そこらじゅうにおわして、そこに自分なりにお祈りするだけなので（笑い）。

BF　その宗教観はボクも近いですよ。特定の宗教は信仰していませんが、スーパーネイチャー的なスピリチュアルな存在は信じて大切にしています。愛犬の散歩で近所の井の頭公園（東京・武蔵野市）に行ったときは、ちゃんと弁財天にお参りします。銭洗い弁天なので、お金を洗いながら世の中のお金が増えてみんなが豊かになればいいなと、神様にお祈りしています（笑い）。

RK　八百万の神様というのは、私たちの遺伝子に続く「ご先祖様」なのだと思うのです。父母がいて、その父母にも父母がいて、そうして先祖を辿っていきますと、800万人以上、いるはずです。それを昔の日本人は皮膚感覚で知っていて、「八百万の神様」として敬ってきたのでしょう。

「戦前の天皇制は一神教原理主義がモデルです」

BF　面白い宗教話をしましょう。ある大学の宗教学の先生が、新入生に「何かの宗教を熱心に信仰していますか?」と聞くと、たいていの学生は「いいえ」と答えるそうです。先生は次に「お守りを持っていますか?」と聞く。新入生だから受験や親からもらったお守りを身につけている学生は多い。たくさん、手を挙げます。すると先生は「宗教を信じていないなら、そのお守りをハサミで切ってください。切れますよね、ただの紙切れなんですから」というそうです。

当たり前ですが、それでお守りを切り刻む日本人はいません。そこで先生は「あなたたちは宗教を信じてないといいますが、実は、すごく強い宗教意識がある」と説明するわけです。それが日本人独得の宗教観というのです。

一神教の原理主義者になると、異教徒は「人間」ではないと暴走します。だから平気で殺したり奴隷にしたりしますし、異教の宗教施設を破壊したりします。

日本人は、たとえイスラム教を信じていなくてもコーランに唾をひっかけたり、モスクで立ちションベンしたり絶対しないでしょ。ですが、それは世界的に見れば、非常に珍しいメンタリティなのです。そうじゃない感覚の人が多いことを知らないのです。

だから日本人は一神教を正確に理解できない。戦前の天皇制は一神教をモデルにして、似たようなシステムにしてきましたが、それでも「神」である天皇が直接、国民に対して過酷な契約を求めたり、違反すれば厳罰を与えて地獄に落としたりはしません。一神教の神は、それをやります。契約に背けば滅ぼす。死んだら地獄に堕ちて永遠に苦しむ、という終末論で縛るのです。そういう怖い神様なのです。

RK　面白い話ですね。たしかにユダヤ教やイスラム教に対して「わからない」以前に、そもそも関心がない。ユダヤに支配された大手メディアの情報を鵜呑《うの》みにして簡単に信じてしまうんです。

大手メディアは、嘘ばかりで本当のことはまるで伝えない。そうして、どんどん、真実からかけ離れていき、何がどうなっているのか、さっぱり理解できず、いっそうに思考を停止して、世論操作されやすくなる悪循環に陥っています。

「キリスト教とイスラムの融合、新世界宗教をめぐる陰謀です」

BF　極秘情報があります。ローマのP2ロッジ、わかりやすく「イタリア・フリーメイソン」でもいいけど、彼らが言うには、今、ある陰謀を進めているというんです。それがキリスト教とイスラム教を融合させて、新しい世界宗教を作ること。キリスト教とイスラム教の「文明の衝突」ではなく「融合」です。そのために、ある計画がたてられた。キリスト教圏の根拠地であるヨーロッパに大量のイスラム教徒を送り込んで強制的に融合させようというんです。

キリスト教とイスラム教では信者の住むエリアが分かれていますし、キリスト教徒はコーランを読まないでしょう。イスラム教徒も旧約、新約の聖書はコーランのなかで紹介されている簡単な内容しか知らないでしょう。

どうして住むエリアが分かれているのかについてはあとで説明しますが、ともかく、相手のことを知らなすぎて喧嘩になってしまう。

そこで一緒に暮らせば、嫌がうえにも相手のことを知るだろう、じゃあ、イスラム教徒の移民を100万人単位でヨーロッパに送り込めばいいんじゃないか、と。その結果、今、まさにヨーロッパで起こっているイスラム難民問題となっているわけです、ええ。さっきのP2ロッジの情報ですが、彼らは「一神教は支配のために自分たちが作った」と言っているんですね。

RK　ある特定の民族を「奴隷」にするために作ったのが「ユダヤ教」だ、ということですか。神と「契約」することで実質、奴隷にして「神の言葉」で支配するわけですね。

BF　ユダヤの割礼《かつれい》は自分が「奴隷」という証拠を肉体に刻むためです。牧場主が牛の角を取っちゃうのと一緒。牧場主たちの所有物という証明になる。調べれば調べるほど、ユダヤ教は奴隷を作るために制度設計されていることがよく分かります。

確かにユダヤ教は「奴隷民族」を作るのには合っていた。ですが、「ユダヤ人」以外に広げるのは難しいでしょ。世界宗教にはなりにくい。そこでキリスト教を作ったというんです。キリスト教の目的は「異民族の支配」です。神と契約すれば、どんな民族、階級でも神の前では「平等」となる。

RK　神の「奴隷」という意味では王様も平民も、みんな平等ですってこと（苦笑い）。

BF　大航海時代のアメリカ大陸では、奴隷商人がやってきて、異教徒だからと家畜のごとく奴隷にしていました。そこでイエズス会の宣教師が海を渡って原住民たちに改宗を促しました。実際、改宗した原住民は同胞であるとして、彼らは奴隷商人と戦って守っています。

異教徒は「人間」でないと扱い、改宗すれば同じ市民として認めるのは、原住民に改宗を促す側面もありますが、やっぱり、そこは「素晴らしいキリストの文化を伝えて、世界中の人々に救済を与えたい」というヨーロッパ的善意もあって、それが宗教的情熱となって世界へと広がっていった。キリスト教世界を広げることで、キリスト教をベースにした欧米の価値観を広めてきた。異民族というのは、当たり前ですが、その民族が長い歳月をかけて育んできた独自の価値観を持っています。武力で征服することはできたとしても、異民族を支配して効率よく管理するのは難しい。事実、キリスト教はユダヤ教に比べて、道徳的な価値を強調しています。このキリスト教的道徳、価値観でヨーロッパ圏は社会制度を整えました。

つまり、異民族でもキリスト教に改宗して、その道徳、価値観を「共有」すれば、とりあえずヨーロッパの法律や社会制度を理解できるわけです。

だから地中海ヨーロッパ世界を支配したローマ帝国はキリスト教を導入して国教にするわけです。支配地域の異民族の管理をするのに都合がよかった。ローマが滅んでヨーロッパ諸国ができたあと、あのへんはゲルマンなので、オーディンとかトールといった、いわゆる北欧神話の多神教だったのですが、それもキリスト教でまとめていきます。

ローマ教会は、純粋な宗教団体ではなく、その実態は社会制度と統治能力に長けた官僚組織です。

日本でいえば江戸時代のお城勤めの武士は、ある意味、軍人じゃなく役人でしょ。霞が関の官僚がちょんまげで帯刀しているようなものですよね。実はローマ教会の司祭や神父さんも一緒なのです。

RK　ほほう、それはあまり知らない情報ですね。

●――「ムハンマドもコーランもバチカンの創作物です」

BF　バチカンは世界最強の銀行を持ち、世界中に動産・不動産など資産を持って、それを運用して利益を上げています。つまり実態は「国境なき国家」。国家を運営するだけの統治能力を持っている。しかし中世では国王とか貴族や騎士は武人ですから、領土経営などできない。それで教会を自分の領地に招いて経営してもらう。そういうノウハウをたっぷりとため込んでいるのがバチカンという宗教組織の実態なのです。

だから18世紀以降の帝国主義時代、欧米列強は植民地支配したアジア、アフリカの国々にキリスト教を導入したのは、そうした理由があるのです。

RK　キリスト教が広まった結果、ユダヤ人が「異邦人」となります。聖書では「同胞から利子を取ってはいけない」と、事実上、金融業を禁じておきながら、「異邦人からは取ってもよい」と、ユダヤ人には解禁していました。ヨーロッパ全体がキリスト教圏となれば、当然、金融業はユダヤ人が独占することになる。これがユダヤ資本の原型です。最初から計画されていたのは間違いないでしょう。

BF　ところが、このキリスト教で教化できないエリア、異民族の文化があった。

RK　それが現在のイスラム圏？

BF　現在のイスラム圏は基本的に遊牧・部族社会でしょ。ヨーロッパのような定住社会は、社会が早くに発展して部族社会から階級社会へと移行します。キリスト教は、これに対応しているわけです。ところが中近東、北アフリカ、中央アジアに広がるエリアは亜熱帯の乾燥地帯は、定住よりも遊牧社会がベースで、部族が社会単位です。そこでローマ教会を支配していたイタリア・フリーメイソン＝イルミナティは、この遊牧・部族社会に向けにキリスト教をカスタマイズした。それがイスラム教だったというんです。彼らいわく、ムハンマドもコーランも自分たちがローマで作ったといっています。

「イスラム諸国は欧米列強が勝手につくった人工国家群です」

RK　その視点でイスラム教を見ると、本当によく遊牧・部族社会を研究して、彼らの生活に合うよう、ものすごく計算されていますね。

BF　ただ遊牧民の部族社会自体、日本人は馴染《なじ》みがないのでわかりにくい。たとえばクルド人勢力といっても、正確にはクルド系の部族の集合体であって、その構成員は必ずしも人種的な意味でいうクルド人ではない。トルコ系もいればアジア系もいます。あくまでも社会単位であって、血が繋がっていなくても族長が受け入れれば、部族の構成員になれます。日本で言えば、一族よりも一門に近いものです。

この前、ナショナル・ジオグラフィックで「ハイエナ」のドキュメンタリーを観たんですが、こうした野生動物の群れは遊牧系部族社会に近いんですよ。

ハイエナのリーダーは、とにかく餌を独占する。捕まえた獲物に一頭でかぶりつき、お腹いっぱいになるまでほかのメンバーを近寄らせない。ほかのハイエナは、その間、獲物の前でよだれを垂らしながら我慢しているんです。リーダーは、まさに独裁者です。ハイエナは女系なので、マリー・アントワネットみたいに贅沢三昧なんです。

RK　クーデターが起きそうですね（笑い）。

BF　ただ、ハイエナの女王が餌を独占するのには理由があって、リーダーは獲物のトドメを刺す仕事を担う。草食動物は追いつめられると反撃します。ライオンだってヌーに蹴り殺されることも珍しくない。だからトドメを刺すリーダーは、普通の個体より二回り以上、体を大きくして強くないと、トドメを刺せずに獲物に逃げられてしまう。だから餌を優先的に食べるんです。

また、ライバルの群れを追い払う役目も担います。つまり強いリーダー、女王の群れは、獲物がたくさん居るテリトリー(縄張り)を持てる。トドメも確実に刺してくれる。結果的に、みんなが幸せになる。だから独裁権を認めるんです。

ボクが観たドキュメンタリーでは、この女王は、ホント、強欲なハイエナでして、下っ端は食うに困って、「この群れにいたら飢え死にする」と離反しちゃうんです。ハイエナの狩りは囲い猟なので、メンバーが減れば成功率が下がっていく。餌の確保が減っているのに、この女王、そんなことお構いなしに平然と独り占めにしていた。で、ナンバー2がついにぶちきれて、ほかのメンバーと結託してクーデターを決行、女王の座から引きずり下ろしました。

RK よく聞く話ですね。

BF 部族社会のリーダーも、このハイエナと一緒なんです。リーダーは富や権力を独占する代わりに構成員を守る義務がある。移動を前提とした遊牧世界では強力なリーダーでなければまずいわけです。

遊牧世界で部族の安全を守るには、仲間を傷つけたり、殺したりした相手は部族をあげて、どんな犠牲を払おうと絶対に復讐する。復讐しないとやられっぱなしになる。できないときは、復讐できる別の強いリーダーのいる部族の傘下になる。そうしないと仲間を守れないからです。

そこが定住社会との違いで、定住社会では犯人は遠くへは逃げない。警察組織で十分となる。また下手《へた》に復讐を認めると殺し合いにもなります。ですが、遊牧社会は嫌なら逃げればいい。さっきのハイエナもそうですが、リーダーが頼りにならないと判断すれば、よそに逃げて、もっといいリーダーの下に身を寄せるわけです。

実際、遊牧民の歴史を見ますと、チンギス・カーンのような強力なリーダーが登場すると、瞬く間に巨大帝国となる一方で、皇帝が見限られるとあっけなく崩壊します。

つまり遊牧系の部族社会は、富と権力を集中させて強いリーダーを作り、そのリーダーに集まった富をいかにして再分配するかが大切となる。これをうまくやれば強国となり、失敗すれば崩壊してしまう。イスラム教は、この再分配の役割を担うことで広まったんです。

歴史的に見ますと中近東は、オスマン帝国を築くトルコ系遊牧民族と、現在のイランからイラクにかけてのペルシャ帝国、メソポタミア文明が争ってきたエリアです。それがイスラム教の登場で見事に融合して近世までキリスト教圏以上の帝国を築いて、経済も科学もヨーロッパより発展していました。

興味深いのは二大宗派のシーア派とスンニ派の分布図を見れば一目瞭然ですが、ペルシャ系文化圏はシーア、トルコ系遊牧文化圏はスンニとはっきり色分けされます。

つまりですね、今の中近東の大半は欧米列強が好き勝手に国境線を引いて、王族をすげ替えて作った人工国家群。しかも国境線は石油利権と関わるために国民の移動を禁じるようになっています。

今のアラブやトルコ、中央アジアは遊牧民たちにとって非常にストレスがかかる社会になっています。これはあとで話しますが、それで国境をなくして緩やかなイスラム圏を作ろうという動きがイスラム教徒の間で広がっているんです。

ようするに遊牧社会における国境と定住社会の国境は意味が違います。遊牧民にとって国境とは、「活動できないエリア」で、線ではなく面なのです。

「一神教4・0の共同体で世界を支配する計画があります」

BF　もう一つ、イスラム教の特徴に「コーラン」があります。コーランはアラビア語で「詠唱すべきもの」という意味です。イスラム教徒は、コーランをアラビア語で毎日、唱えます。コーランは聖書と違って宗教的説話や伝説より、実はイスラム文化圏における法律や生活習慣について書いてあります。これを毎日、唱えて覚えれば、当たり前ですが、アラビア語を自然と読み書きできるようになります。

あと、ムハンマドが話したという行動規範のハディース（言行録）もあります。音で覚えて、意味を知っていれば読み書きを覚えやすい。しかも暗唱するのは生活習慣。ちょうどいいイディオム（例文）となります。

コーランがあるからイスラム文化圏は、識字率がとても高い。近世までアラブ商人が世界を席巻したのはそれが理由で、移動しても同じイスラム圏ならば、アラビア語でやりとりできます。社会規範や法律、やってはいけないことも基本は一緒。一神教は契約社会ですから、法律を知らないと大変なのですが、コーランのおかげでイスラム教徒は、同じイスラム圏ならばすぐに適応できるわけです。

それだけじゃなく、イスラム教の根幹は弱者救済です。

RK 権力者に集まった富の再分配をするわけですからね。

BF だからモスクに行けば、身一つでもなんとか生きていけるんです。たいていのモスクには薬局や病院があって、貧しい人向けに食事や泊まる場所を用意しています。ちゃんとアラビア語でコーランを唱えれば、イスラム同胞と認められて助けてもらえるんです。

つまりイスラム教というのは、イスラム圏における「生活保護」みたいなもの。だから貧しい人ほど信者になる。遊牧民にすれば、イスラム教徒ならば、どこに移動しても最低限の保護を受けられるんですから喜んで信者になります。

事実、イスラム帝国では税金さえ払えば異教徒を受け入れていたでしょ。それでイスラム教は他宗教に寛容といいますが、イスラム専用の生活保護政策をあえて改宗させてまでやってほしいとは思わないでしょ。生活保護もいらず、余計に税金も払うというんだから、権力者にすれば大喜びというだけの話なのでしょう。

こうして見ていくと、イスラム教が遊牧民と部族社会のためにキリスト教をカスタマイズした結果、世界に16億人以上の信者がいるのも理解できるはずです。

そのイスラム教で唯一の弱点が「アルコールの禁止」です。

「ハシーシ・アルコールライン」をご存じですか？　これは嗜好品にハシーシ、大麻だけでなく、コカやアヘン（ケシ）を好む地域と、アルコールのほうが好まれる地域の境界線なんですが、ユーラシアでいえば、ちょうどロシアの国境が区切りになるんですよ。

RK　確かにモスクワでアルコールが禁止になると大変ですね。寒冷地帯ではアルコールは体温を保つために必需品ですから。

BF　そう。寒冷地に住んでいた人たちは、採取した果物が発酵して出来たアルコールを日常的に摂取してきたために、アルコール分解酵素を身体に持っています。しかし温暖だった地域に住んでいた人たちにはアルコール分解酵素の無い人がたくさんいます。

コーランがお酒を禁じたのも、アジアとヨーロッパの交流地点ゆえにお酒を飲めない人が多くいたからです。豚を食べるな、というのも、豚肉は寄生虫や人に感染する病原体が多い。ちゃんと加熱する必要があるので、乾燥エリアで食べると、木をどんどん伐採して環境破壊になるから「食べるな」と決めた。別に宗教的なタブーではないのです。

RK　私もマレーシアに駐在していたので、イスラム教徒のことは、それなりに知っていますが、案外、みんな、折り合いを付けて上手《うま》くやっていますよね。メディアはイスラム教徒が原理主義で戒律を絶対に守り、宗教のためには命を投げ出すみたいな扱いをしていますが、実際はそんなことはありません。まあ、戒律が多くて面倒くさそうなのは事実でしたが。

BF　現在のイスラム圏で実際に起こっているように、イスラム教のシステムは「国境」を取り払い、国家を解体して、宗教で結ばれた緩やかな「共同体」へと向かいます。

当然、「一神教4・0」、つまりユダヤ教、キリスト教、イスラム教の次の4番目の一神教を作って世界規模で信者を増やせば、国境や国家が解体されて、事実上、その「一神教4・0」の共同体だけとなります。

そうして新宗教の指導者の「言葉」で全世界を支配する。つまり、この宗教指導者を裏から支配する勢力にとって実に都合のいい世界が生まれる。イスラム教とキリスト教の「融合」計画は、次の段階に移行するための準備と考えていいでしょう。

「ISは〝隠れユダヤ人〟が主導する〝隠れユダヤ組織〟です」

RK　ユダヤ勢力は、イスラム教とキリスト教をくっつけた新しい「一神教」を作ろうとする陰謀を企てている一方、イスラム圏では今、イスラム教徒自身の手で緩やかな統一運動が起こっている、ベンジャミンさんはそう見ているわけですね。

BF　中近東、北アフリカ、中央アジアに広がるイスラム圏には、もともと、トルコ系の遊牧文化と、メソポタミア文明を受け継いだペルシャ系定住文化という二つの文化圏がありました。そして遊牧系がスンニ、定住系がシーアになってきた。

それとは別に、このエリアはもともと部族社会が色濃い。さっきも話しましたが、部族社会のメンタリティは「強力なリーダー」を求めます。力は正義なのです。

つまり、現在のイスラム圏は、プロレスでいう「バトルロイヤル」が起こっているんです。どの部族がどのエリアを支配するか、シーアとスンニの境界をどこで区切るか、いろんな部族勢力が力を示そうとしている。この戦いを経ないとまとまるものもまとまらない。野蛮かもしれませんが、それが彼らのアイデンティティなんですよ。

そうしてイスラム共同体を作ろうと戦っているのに「乱入」しているのが石油利権を狙う欧米諸国であり、この統一運動で恩を売って石油利権を守ろうとしている。問題は、ＩＳ「イスラム国」。ＩＳは、この統一運動を邪魔する偽イスラム教徒です。

RK　イスラム国（ＩＳ）は、サウジアラビア・カタール・トルコ・米国の民間警備会社アカデミ（旧ブラックウォーター）・米共和党マケイン・ＭＩ６（英諜報機関）などが裏で糸を引いていることは事実です。イスラム過激派であるはずのイスラム国が、なぜか攻撃しない国がイスラエルです。本来であれば、真っ先に攻撃する相手ではないですかね？　イスラム国の素性がここからもわかります。

パキスタン紙「トリビューン」の記事をもとにロシア国営テレビ「ロシア24」が伝えたところによれば、ＩＳのリーダーの一人が「米国から資金援助を受けた」と語っています。あのワシントン・タイムズでさえ「米政府は、トルコ向けの原油密輸に際して、テロ組織ＩＳを支援している」と本当のことを報道しました。これで、米国民もやっと覚醒するでしょう。ワシントン・タイムズは共和党ネオコンの広報紙、「米国版３Ｋ新聞」のはずなのに!?

つまり、イスラム国は「隠れユダヤ人」に主導された「隠れユダヤ組織」です。ヒトラーのナチスと同じ構図なのです。よって、ユダヤ米国から資金援助されて当たり前でしょう。シリアの「イスラム国」勢力を叩かないのは、イスラム国をアサド政権攻撃に使うためです。実に陳腐な謀略です。なんのひねりもない。

●「ＩＳの人質斬首シーンはすべて捏造、ヤラセ映像です」

ＲＫ　繰り返しますが、ＩＳの背後にはイスラエルのユダヤ勢力がいます。ＩＳの最高指導者であるアブバクル・バグダディは、モサド（イスラエル諜報機関）のサイモン・エリオットです。その証拠に、イスラム国の兵士を捕まえてみたら、イスラエル軍の兵士やアメリカ人の傭兵、ＰＭＣ（民間軍事会社）というのは、もはや常識の部類でしょう。

ＢＦ　ワシントンＤＣマフィア勢力の実働部隊を率いているのがジョン・マケイン。彼の事務所スタッフのスマホをハッキングしたところ、イスラム国兵士が映画スタジオで首切りシーンを撮影している記録映像が出てきた。つまり、ああした斬首シーンは偽物、ヤラセなんです。そうして「なんて酷いテロをするんだ！」「イスラム国を許すな！」「イスラム国に罰を与えるために各国、軍隊を派遣すべきだ！」、そうやって煽るわけです。

ＲＫ　とはいえ、米系ＰＭＣ（民間軍事会社）の傭兵部隊が現地で多くの住民を殺害しているのは、紛れもない事実。こちらは「リアル」です。繰り返しますが、本当の殺し屋をイスラム圏に送り込んでいるのはユダヤの勢力です。

〔解説〕**ＰＭＣ（民間軍事会社）**
直接戦闘、要人警護や施設、車列などの警備、軍事教育、兵站などの軍事的サービスを行う企業であり、新しい形態の傭兵組織。１９８０年代末期から90年代にかけて誕生し、２０００年代の「対テロ戦争」で急成長した。国家を顧客とし、人員を派遣、正規軍の業務を代行したり、支援したりする企業であることから、新手の軍需産業と定義されつつある。民間軍事会社で働く戦闘要員はプライベート・オペレーターやコントラクター（請負人、契約者）と呼ばれる。

BF　だからこそアメリカ軍、ロシア軍、中国軍、イラン軍が協力してイスラム国を叩いている。この件でもアメリカ軍がワシントンDCと手を切って対立していることがはっきりうかがえます。

RK　ISが占拠している油田は、ユダヤ米国が空爆の対象から外して温存してきました。国際価格の半値で原油を売り、テロ資金源としているのがISです。しかも、原油の販売を仲介しているのはイスラエルだといいます。シオニストの謀略、マヌケすぎてあくびも出ません。

BF　イスラム国の役割は、一つは、産油国で泥沼のゲリラ戦を展開することで原油価格の下落に歯止めをかけること。ところが2015年の半ば以降、明らかに欧米諸国とロシア、中国は「お邪魔虫」のイスラム国をとっとと追い出し、アラブ諸国に「恩」を売ったほうがいいと判断しています。ただし、どの部族に協力して石油利権を確保するかで、各国の思惑が違います。その結果、ここでは味方、あそこでは敵となって、完全なカオス状態になっています。

おおざっぱにいえばサウジからクウェートなどの湾岸諸国（湾岸協力機構）は、旧スタンダードオイル系エクソン・モービルのロックフェラーに、BP、ロイヤル・ダッチシェルのイギリス王室、つまり、ロンドン・ロスチャイルドが相乗りしています。これに対して21世紀、躍進してきたのがプーチン大統領率いるロシアのガスプロムと中国共産党のSINOPEC《シノペック》（中国石油化工集団公司）ですが、こちらはイランとシリアに利権を持っています。

RK　パリ同時多発テロという「八百長」をしてまで軍を派遣したフランスには、「8番目の妹」と呼ばれたトタルがあります。アルジェリア、チュニジア、リビアといった北アフリカの旧植民地が中心ですが、第二次世界大戦でフランスはナチス・ドイツからイラクの利権を奪っています。実は、このイラクが各国の草刈り場になっている。それに焦ったフランスは、なんとしてもイラクに軍を派遣しようと「自作自演テロ」を行ったわけです。

BF　イスラム国の計画は、もはや破綻しています。自壊するのは時間の問題でしょう。何度も説明してきたように、アメリカがワシントンDCとペンタゴンで内戦状態になった。そもそもイスラエルは「世界最強」のペンタゴンが最新の武器を供与し、強力な同盟関係があるから成立していた。そして、この分裂でペンタゴンはイスラエルを見捨てた。いまのイスラエルをアシストしているのは国務省です。

RK　まさに安倍晋三のいう「存立危機事態」だ（笑い）。

BF　イスラエルが存続するには強力な軍事力と莫大なお金、他国からの補助金が必要。そこで最近のイスラエルはロシアにすり寄るようになっています。アメリカからBRICsへと軸足を移しているのです。イスラエル本国には、冷静崩壊後、旧ソ連のエリアから大量のスラブ系ユダヤ教徒が移民してきて、今では国民の4割がスラブ系なんです。

つまり「ユダヤ人」そのものはアメリカに多く、イスラエル人そのものはロシア系が主流になっているわけで、イスラエルという国を考えれば、ユダヤ勢力と手を切り、イスラエル人として生きるという選択肢も出てきた。

そのためにはワシントンDCと結託したマフィアたちを裁判にかけて、処罰するのが前提となりますが。でも、そうした流れは確実に生まれてきています。

「シオニスト＝改宗ユダヤ人の魔手はこの日本にも及んでいます」

RK　中東問題でいえば、今後、キーマンになるのはイランでしょう。制裁解除以来、一気に国際社会に躍り出ている感じがします。イランのプレゼンスは確実に強化されています。そのイランに徹頭徹尾、まとわりついて邪魔をしてきた米国ユダヤ1%の連中です。

そもそも「バビロン捕囚」で解放されたユダヤ人がイスラエルに戻れたのは、新バビロニアを倒したペルシア・アケメネス朝のキュロス2世のおかげでしょう。その後、エルサレムに第二神殿を建設できたのもペルシャ第3代国王、ダレイオス1世です。

まあ、紀元前のことですが、少しは旧恩に感謝しなさいよ、シオニストさん、そう言いたくなりますね。

じゃあ、どうしてイランが憎いのか。これはシオニストの連中が、中央アジアのトルコ系白人で、改宗ユダヤ教徒の群れ。偽ユダヤ人だからです。別に「旧恩」は受けていないということでしょう。

BF　ハザールですね。

RK　はい。シオニストの正体は、今のウクライナにあったハザール王国、ハザール汗国《かんこく》でもいいですが、ここの連中です。ここを起点に見ていくと、本当にいろんなことがわかります。

私の場合、オウム真理教を調査していくうちに、オウムがロシアに行って当時のエリツィン大統領が何かと便宜を図っていた。で、オウム真理教というのは、エリツィン政権の高官に取り入って、短期間に数万の信者を集めたり、なにやら、武器弾薬を調達したりでした。

そのエリツィン政権とはそもそも、ニューヨークのユダヤ資本が送り込んだユダヤ人顧問団に支配された、ユダヤ傀儡政権だったわけです。スターリンが死んで以降、長らく権力の座から遠ざかっていたロシアのユダヤ人の復権を意味したわけ。

11世紀に滅亡した、いにしえのユダヤ大帝国、ハザール汗国の再興をアシュケナージ・ユダヤ人たちは目論んでいました。その大役を任されたのは、実はオウム真理教だったのです。

そのウオツカがぶ飲みオヤジの政権の中枢は、ユダヤ系ロシア人だらけだったし、大酒飲みのエリツィンも実は、エルシュタインというユダヤ人だという説があります。そのユダヤ人集団ににじり寄ったオウム真理教には、実は、それ以前にロシアに進出していた統一教会が、いつの間にか、オウムに衣替えしてしまったという事情がある。統一教会は、ウォール街のユダヤ権力の別働隊であるわけで、オウムの着ぐるみを頭からすっぽり被って姿を隠し、ロシアのユダヤ人集団に接近したわけ。

では、どうしてロシアにシオニストの勢力が入り込んでいたのか。そこで調べてみるとパリ・ロスチャイルドが出てきます。エドモンド・ロスチャイルド男爵ですね。日本人にはボルドーワインの「ロートシルト」のオーナーとしてのほうが知られているでしょう。そのエドモンド男爵はカスピ海の油田開発事業がらみでグルジアに出張する際、現地の女と子供を作ります。それがヨシフ・スターリンです。さしずめミドルネームはロスチャイルドといったところでしょう。

で、スターリンの改名前の苗字は「Djugashvili」（ジュガシビリ）です。グルジア語で「ユダヤの息子」という意味で、英語の「〇〇ソン」やユーゴの「〇〇ビッチ」と一緒で典型的なユダヤの苗字なのです。そしてスターリンは三度結婚していますが、いずれの妻もすべてユダヤ人。しかも3人目は、11世紀にロシア・ウクライナで滅亡したハザール王国の王家の娘です。つまりスターリンの権力は、ユダヤ勢力あってこそ。米ソ冷戦がいかに嘘っぱちなのか、よくわかるでしょう。

つまりエリツィンは、スターリンの亡霊と読み解くことができます。ソ連崩壊後、ユダヤ・アシユケナージ国家であるハザール王国を復活させる、そのためにオウムを私兵にしてテロ要員に仕立てようとしていた。そうした流れで現在のウクライナ騒動も起こっているのです。

もっといえばユダヤ勢力のイスラム国の目的は大イスラエル帝国の復活であり、イスラム国が掲げる領土は旧約聖書にある「イスラエル」の領土と一致します。こうした流れもまた、理解する必要があるでしょう。

「欧州ロスチャイルドの皇帝送り込み経略の情報を入手しました」

BF　宗教戦争という視点で見れば、もう一つ、面白い話がロシアから入ってきました。

２０１５年11月24日、トルコ軍がロシア空軍機を撃墜する事件があったでしょ。

RK　この撃墜でトルコ軍はパラシュートで降下中のロシア・パイロットを機銃で射殺しています。これでロシアはトルコ経由のパイプライン計画を中止にした。それまでトルコのエルドアン大統領とプーチンは密月関係にありましたが、僕は、このエルドアンは米国1％のユダヤのエージェントだと睨んでいた。事実、イスラム国が武力で押さえた油田の原油はイスラエル経由でトルコへと渡っていた。その見返りに、トルコはイスラム国に武器弾薬を供与するという共犯者だったのです。

BF　すでにアメリカはシリア内戦でロシア軍と協力するようになっています。

RK　日本のメディアは、さっそくロシアとトルコの歴史的背景、対立が原因と解説していましたが、とんでもない間違いです。もともとユダヤ勢力が原油高のために絵図を描いた陰謀だった。

BF　コシミズさんに反論するわけじゃないのですが、ボクがFSB（ロシア連邦保安庁）の情報筋経由で聞いた話では、この歴史的背景が原因にあるという話なんです。

RK　ほほう、ぜひ教えてください。

BF　「ヨーロッパ王族」、つまり、ロスチャイルドの勢力から正真正銘の「皇帝」「ツァーリ」を送り込もうという動きがあるんです。

RK　ロマノフ朝最後の皇帝であるニコライ2世は、ドイツ皇帝ヴィルヘルム2世、イギリス国王ジョージ5世の親戚です。

BF　ロシア国内でも正当なロマノフ朝の血統がロシアに戻ってきて「帝国」を復活してほしいと願っており、ヨーロッパの王族も送り出す準備をしているそうです。

プーチンの政治基盤となっているのはエネルギーだけでなく、実はロシア正教です。ソ連崩壊後、敗戦国として欧米に支配された時代、ロシア国民を実質的に救済してきたのは、復活したロシア正教でした。その結果、ロシア正教は、ロシア国民から圧倒的に支持され、非常に強い影響力を持つようになっているんです。その正教がプーチンを支えている。

旧ソ連時代、共産主義によって宗教は禁じられてロシア正教も宗教ではなく「文化」として残されていました。それが冷戦崩壊後、宗教組織として社会に強い影響力を持つようになったわけです。そのロシア正教は、プーチンに対して「トルコ侵攻」を強く要求し、その対応に動いているのです。

RK　どうしてロシア正教がトルコを攻撃するよう要求するのですか？

BF　それが「歴史問題」につながるんです。

ロシア正教は、もともとビザンツ帝国の国教である正教会の流れをくんでいます。正教会とはローマ帝国が西と東に分裂したとき東ローマ帝国の国教となった東方正教会のことで、バチカンに相当する本拠地はコンスタンティノープル、今のイスタンブールに総主教庁が置かれました。で、ビザンツ帝国が１４５３年、オスマン帝国によって滅ぼされた結果、正教会の関係者はロシアへと逃れていったという経緯もあって、ロシア正教会は、自分たちこそが東方正教会の「正統」と考えているのです。

ようするにイスタンブール、つまりコンスタンティノープルの奪還が悲願になっているのです。カトリックの十字軍の聖地奪還はエルサレムですが、正教会にとっての聖地奪還はコンスタンティノープルの「聖ソフィア聖堂」となります。バチカンのサン・ピエトロ大聖堂がカトリックの総本山とすれば、この「聖ソフィア聖堂」は東方正教会の総本山。東ローマ帝国黄金期を作ったユニスティアス帝が、バチカンを超える教会として皇帝個人で寄進した教会であり、まさに正教の「魂」なのです。

その象徴がオスマンに奪われ、「アヤ・ソフィア・ジャーミー」というモスクに、まあ今は博物館ですが、改修されてオスマンのイスラム教の総本山になっていました。

もちろん歴代オスマンは、きちんと管理して偶像崇拝を禁止したイスラム教でも、この聖ソフィア聖堂の絵画や彫像は、そのまま展示されていますが、それでも正教会は奪還できるものなら奪還したい。歴代ロシア帝国のイワン雷帝、ピョートル大帝らがオスマン帝国相手に南下政策をしてきた背景には、この「聖地奪還」があったというんです。

RK　ベンジャミンさんは、いったい、どこで、そんな話を取材するのですか？

BF　最近、ボクのネットワークで、FSB（ロシア連邦保安庁）に所属する女性がいるんです。彼女は若いとき、レイプされそうになったんですが、そのとき、男の指を噛みちぎったというスーパーウーマンでして（苦笑い）。

RK　さすが旧KGBのメンバーですね。

BF　いや、逆なんです。指を噛みちぎったからFSBにスカウトされたそうです。その彼女と情報交換するなかで、教えてもらったわけです。

あと、2016年2月になって、このロシア正教がらみで驚くべきニュースが飛び込んできました。2016年2月12日、なんとローマ教皇フランシスコとロシア正教のキリル総司教がハバナで会談しました。これは11世紀にローマ帝国が分裂して以来、史上初の出来事です。

なぜ、この時期に、東西教会のトップが会談したのか。それには理由があります。

実はアメリカ軍、ペンタゴンの中枢、つまり将軍職に就くと、だいたい、騎士団に入るといわれているのです。それもバチカンのマルタ騎士団など、ヨーロッパの伝統と格式のある騎士団です。そうしてキリスト教文化圏の守護者となるわけです。おそらく、ロシア正教でも同様のことがあって、ロシア軍の将軍はロシア正教の騎士団に入っているはずです。

つまりですね、ローマ教皇と正教総司教が仲介すれば「米露軍事同盟」が実現します。その準備として、東西教会のトップが会談した可能性が高いのです。

この宗教戦争状態で大混乱するなか、米露軍が手を握ることで収束させようとしているのかもしれません。今後に注目でしょう。

〔解説〕史上初の東西教会のトップ会談

東西教会は11世紀に分裂した。カトリックとロシア正教会のトップが会談するのは初めて。ローマ・カトリック教会のフランシスコ法王は2016年2月12日（日本時間13日未明）、キューバの首都ハバナで、東方正教会の最大勢力・ロシア正教会のキリル総主教と会談した。

第4章 法治国家とは名ばかり！この日本で平然とまかり通る不正選挙

リチャード・コシミズ氏の活動の中で、ベンジャミン・フルフォード氏が最も高く評価しているテーマが「不正選挙」の追及である。

周知の通り、２０１２年12月の衆議院選挙によって民主党政権は崩壊、再び自民党と公明党が与党となり、安倍晋三内閣が始まった。

それに疑問を抱いたリチャード・コシミズ氏は、選挙管理システム代行会社ともいうべき得票集計機を販売する「株式会社ムサシ」に注目、その大株主が安倍晋三の親族であること、そのムサシが国政選挙の票読み機械として採用された経緯、さらにムサシの機械を導入する名目で、各地の投票所に多くのスタッフを配置し、事実上、選挙自体を運営していることに着目、このムサシのシステムを悪用して「不正選挙」を行っている事実を突き止めた。

それだけなく有志スタッフによる現地調査を行い、筆跡の似た票・灰色の文字で印刷されたような票・折れていない票が多数見つかっている点や期日前投票の投票率が高い点などから、期日前投票における投票箱のすり替えが行われているといった証拠を次々と暴き出したうえで、選挙無効を訴える「不正選挙訴訟」を起こした。

この裁判にはベンジャミン・フルフォード氏も傍聴し、海外メディアからも高い注目を集めているが、やはりというべきか、国内メディアは一切、黙殺を決め込み、完全な「タブー」となっている。

いうまでもなく民主主義とは「正しい選挙」でのみ実現されるものだ。三権分立や言論の自由、結社や信教の自由を憲法が保障するのも選挙制度が正しく運用されるためといっていい。

民主主義の根幹は、為政者を国民自らが選ぶことにある。選んだ為政者が亡国行為をすれば、その責務は国民すべてで担わなくてはならない。

だからこそ国民は権力者に対して厳しく監視し、問題があれば、権力の座から引きずり下ろすのだ。

普通選挙制度は、国民皆兵のもと、一般市民が銃を持って戦場に行くことで獲得した権利であり、同様に女性たちは戦場に行った男たちの代わりにあらゆる労働に従事することで参政権を得たものだ。

国民一人一人が国政に参加して権力の暴走を防ぐ権利を得るために先人たちは血と汗を流してきた。その大切な「選挙」を特殊な機械を使って民意をないがしろにする。絶対にあってはならない、許しがたい犯罪行為を現政権は平然と行っている。

FACT対談では、そんな驚くべき「事実」と最新情報をリチャード・コシミズ氏が大いに語っている。そこで本稿では、FACT対談のなかから不正選挙の話題を抽出、再構成した。

2016年7月に行われる参院選も迫っている。

不正選挙の問題について、一人でも多くの読者に知ってほしいと願っている。

「自公連立・安倍内閣は〝不正選挙で盗み取った〟政権です」

ベンジャミン・フルフォード（以下ＢＦ）　ボクがコシミズさんとの対談、この「ＦＡＣＴ」シリーズで、一番素晴らしい情報だな、と興味深く聞いたお話が株式会社「ムサシ」の情報でした。ボク自身、アメリカの選挙違反、票の捏造は、２０００年のアル・ゴアとベイビー・ブッシュの大統領選でやったフロリダ選挙については調べてきましたが、まさか、日本でこれほど大胆かつ大掛かりな不正選挙のシステムがあったことに驚きました。

リチャード・コシミズ（以下ＲＫ）　不正選挙というものを、まずは皆さんにご説明しておきたいと思います。僕は「リチャード・コシミズ独立党」という、親睦団体なのか、圧力団体なのか、よく分からない団体を主宰しています。確かに僕の風貌はほとんどどこかの親分で、最近、少し白髪も増えてきたので、すごみが増していますが、その強面《こわもて》をもって不正選挙を追及しています。

２０１２年の衆議院選挙、２０１３年の参議院選挙、そして２０１４年の衆議院選挙の3回で、確実に大規模な不正が行われ、その結果として、自民党と公明党が政権を盗み取ったと判断しています。この間の衆議院選挙（２０１４年）では、われわれのたくさんの仲間がチェックや監視に回りまして、いろんな不正の証拠を収集しました。その証拠をもって東京高等裁判所に提訴、それが不正選挙裁判です。正式には2012年の衆議院選挙、2013年の参議院選挙に続いて直近が2014年の第3回不正選挙ということで、おそらく今年の2016年夏の参議院選挙も第4回不正選挙ということに決まっています。その不正選挙システムを請け負っている疑惑の会社が、先ほど、ベンジャミンさんがおっしゃった「ムサシ」です。

〔解説〕**株式会社ムサシ**

東京都中央区銀座に本社を置く情報・産業システム機材を扱うジャスダック上場企業。全国に11支店7営業所、連結社員数550名を有する。同社公式ホームページによれば、情報・産業システム機材、印刷システム機材、名刺葉書プリントシステム機材、金融汎用システム機材、選挙システム機材の企画、開発、製造、販売、及び紙・紙加工品の販売を業務とする。また、「商社でありながら、子会社に設計・製造メーカーをもち、自社で商品を開発製造する独自の技術力（メーカー機能）を併せ持っている」「全国をカバーするサービスネットワークとソフト対応に不可欠なシステムエンジニアを備え、機器やシステムの企画開発から製造、販売、ソフト・技術サポートまでの一貫したサービスを提供している」と謳っている。

BF　ムサシという会社は安倍一族が、大株主だったんですよね。

ＲＫ　ムサシについて説明しますと、この「ムサシ」は選挙用の票を読み取る機械を一手に引き受けている企業です。しかも、それだけじゃない。選挙の際には機械操作のスタッフや会場の設営、警備、票の管理の一切合切、パッケージで管理しています。

　同社のホームページによれば、「投票用紙読み取り分類機や計数機、交付機などの機器から、投票箱の中で自然に開くオリジナル投票用紙、投開票業務管理ソフト、投票箱や投票記載台などの用品・用具類、さらには投票率を高める選挙啓発のためのプロモーション支援や啓発用品などを扱っている」と宣伝しています。「投票箱の中で自然に開く」用紙が「オリジナル」とは、まったく笑止千万ですけどね。

　いうなれば選挙管理委員の「実務」の一切合切を担う民間企業です。ようするに選挙管理委員会というのは名ばかりで、実際に選挙を仕切っているのは、この謎の民間会社なんです。

ＢＦ　このムサシの情報を取り上げたメディアは『日刊ゲンダイ』だけで、その内容は、「日本の選挙を仕切るムサシの大株主が安倍晋三の実父である安倍晋太郎」と報じました（２０１３年１月11日付）。当然、その株は安倍晋三が相続していても不思議はありません。

　というより、選挙に関わる企業の株を持っていること自体、「李《り》下《か》に冠《かんむり》を正さず」という故事があるように、不正を疑われるのだから政治家ならば持つべきではない。ただ、株式情報を調べると、安倍晋三が保有している形跡はない。うまく隠しています。

RK　で、このムサシを使って「機械読み取りの異常」という名目で、何度も集計を意図的に間違えて、票を操作するわけです。選挙なんて意味はないんです。全部、ムサシの票読み機械で、投票前に「結果」は決まっているんですから。どれほど選挙民をなめているのか、許しがたい蛮行であり、絶対に許してはダメなのです。

「疑惑の企業〝ムサシ〟を追跡するとユダヤ資本に繋がります」

BF　そのムサシの株主の話もすごい。自分でも深く調べたのですが、相当、あやしい。

まず、ムサシの筆頭株主は「上毛実業株式会社」です。これはマンションの一室が所在地という、見事なまでのペーパーカンパニー（実態がないダミー会社）でして、しかも第2位の「ショウリン商事株式会社」も雑居ビルの一室という同じくペーパーカンパニー。株式情報によれば個人株主として名を連ねている二人の人物が住んでいる住宅所在地は上毛実業とショウリン商事と一緒だという（苦笑い）。

なんというか、実に怪しげな株主構成をしている企業が、公明正大さが求められる「国政選挙」を一手に引き受けているわけです。もう、これだけでおかしいです。よく総務省が認可したな、金でももらったのか、というと、そこは少し違います。

このペーパーカンパニーをさらに調べていくと、上毛実業の17・18％の株主なのが「有限会社アルカーブ」といいまして、その「アルカーブ」の親会社が「ダヴィンチ・ホールディングス」という持ち株会社です。この「ダヴィンチ」の筆頭株主となるのが「フォートレス・インベストメント」というヘッジファンドで、そうして「ダヴィンチ」の大株主がロックフェラー、「フォートレス・インベストメント」に資金提供している。これはゴールドマンサックス。

RK　そう、ユダヤ資本と露骨に繋がっているわけです。

BF　ようするに日本の国政選挙を一手に引き受ける選挙管理委員の実務を担っている会社は「外資」に乗っ取られています。その乗っ取りに協力してきたのが「安倍一族」という構図なのです。ね、本当にすごい話です。おそらく安倍晋太郎が亡くなったあと、ムサシの株式はペーパーカンパニーを通じて、その上の持ち株会社の株に転換して保有しているのだと思います。

ちゃんと利権のおこぼれと、その不正選挙で総理大臣になるというメリットがあるから総務省に圧力をかけてムサシを採用させている何よりの証拠でしょう。

●──「身代わり、ニセ票、消えた投票用紙、なんでもアリが実態です」

BF　そもそも選挙の得票を捏造できるのだから、人望も政治力も無く、おつむもよくない安倍晋三が自民党内の権力争いに勝ち上がり、総理大臣になった「事実」そのものが不正選挙の存在を見事に証明しています。自分からばらしているのです。

RK　とくに2014年の衆議院議員選挙で非常に目立ったのは、選挙の入場券が届かないということがニュースにもなっていますし、実は私の周りにも何人も居ます。こんなことは初めてです。入場券が届かなかったら普通は面倒くさいから選挙に行きませんが、行かなかったことが分かったら代理人が身代わりになって投票ができてしまうのです。といいますのは、投票所に行くと「ご住所とお名前を言ってください」だけで、本人確認がないのです。

ということは、誰でも身代わりで投票できます。この人は投票に来ないだろうというのが大体分かっていれば、投票時間の締め切り直前になって行くと、その人にすり替わって投票ができます。これはやっていると思います。

それから、選挙の入場券がどこかで束になって捨てられたという報告談がありますが、これが事実だったらすごいことです。未確認情報なのですが、証拠が挙がってきたらとても面白いと思っています。

もう一つ、今回は期日前投票が増えています。期日前投票が増えるということは、選挙に関する関心が高いということですので、当然ながら全体の投票率も上がるはずですが、なぜか戦後最低なのです。おかしいです。それから、東京都の選管の印章が複数あるということを、うちの仲間が発見しました。どうも印章が2種類あって、デザインが少し違うらしいのです。印章は一つしかないはずですから、どちらか一つがどこかで適当に印刷した偽物の票であるとしか考えられません。

こちらはうちの独立党員が書いたとされる投票用紙ですが、楽しいので少しお見せします。今回は、「ふざけるな!」「不正選挙」などと投票欄に書いた党員がいたという噂もあります。まあ、真偽は不明ですが(笑い)。

低投票率と言っているのですが、どこの投票所も混んでいたということです。おかしいです。低投票率を偽装して、票をごっそりと入れ替えたのではないでしょうか。低投票率だと自民や公明のような組織票のある政党が有利ですから、自民、公明が勝ったのだという言い訳に使っているのです。総務省の公式発表では投票率52・66%ですが、実際は75~76%だったであろうと考えられます。

面白いのは、仙台の青葉区です。小選挙区よりも比例ブロックの票が1000票少ないということですけれども、比例の票はどこへ行ってしまったのでしょうか。青葉区の有権者は、わざわざ選挙に行って小選挙区にだけ投票して、比例は嫌いだから投票しなかったということでしょうか。そのようなバカな話があるわけがありません。この結果も不正選挙をやったがゆえの計算間違いです。普通に選挙をやっていれば、このようなたくさんの差が出てくるわけがないということです。

当然、そんな選挙は無効です。民主主義の精神を冒瀆《ぼうとく》している。そこで不正をしている証拠を揃えて選挙の無効を訴えて裁判をしたわけです。

●——「日本の司法は八百長まみれ、裁判官たちの姿は哀れそのものです」

BF　ボクも長年、日本のいろいろな裁判を傍聴して取材してきました。正直言って、日本の裁判も全部、八百長です。どうでもいいものは客観的にやりますが、少しでも政治的な意図があると上からの命令系統によって、公正な裁判になっていない。実際、銀行の不正融資に関する民事裁判なんて100%、銀行が勝ちます。全部、茶番劇です。

そうした多くの茶番劇のなかでも、リチャード・コシミズさんの茶番劇裁判は最高レベルです。裁判官たちが、本当にビビって、おどおどしています。何か怖がっている、そういう印象がありましたね。明らかに自分に非があるという表情やボディーランゲージを繰り返していて、精神的に余裕がないことが窺えました。ちょっと哀れでしたね。

RK　日本は建前上、法治国家なので、いろんな刑罰があります。そのなかでとても大きな罪が「内乱罪」ですね。最高刑は死刑です。不正選挙は日本国憲法に違反し、民主国家である日本の根幹を揺るがしているのですから、不正選挙に関わっている連中は、この内乱罪に相当します。発覚して事実と認定されてしまえば日本の選管が半分ぐらい内乱罪であり、最高刑は死刑になります。刑務所だって満員になってしまいます。だから裁判官の役目は大きい。なんとしてもうまく誤魔化せ、と命令が下っている。だからベンジャミンさんがおっしゃったように、ビビって、おどおどして余裕がなくなっている。

「ニセ警備員まで配して不正選挙公判は闇に葬られました」

BF　アメリカでも上院議員や下院議員の選挙で不正選挙がまかり通っています。2000年の大統領選でパンチカード式の投票方式は不正の温床だということに気づいて、一部の州では昔ながらの投票用紙に戻るということがありました。ところが日本では票の読み取り機で不正をしている。このシステムがアメリカに持ち込まれると問題です。そこが危険ですね。

〔解説〕 **2000年の米国大統領選不正選挙**

2000年11月7日に行われたアメリカ合衆国大統領選挙では、民主党のビル・クリントンの2期8年の任期満了後の大統領を選ぶ選挙となり、共和党のジョージ・W・ブッシュが、民主党の現職副大統領アル・ゴアを破って当選したが、開票時に票の読み取りに問題があったフロリダ州の結果が判明するのに長期間を要し、最終的には選挙結果をめぐり法廷闘争（「ブッシュ対ゴア事件」）が展開されるなど混乱が生じた。最終的には、一般投票で過半数を獲得できなかったブッシュがフロリダ州の接戦を制したことで大統領選挙人投票で271対266の僅差で勝利、次期大統領となることが決定された。

RK　それで不正選挙裁判ですが、お上《かみ》の都合で、すべて2015年3月13日に集約されてしまって、この日に4、5件の不正選挙裁判が一気に行われることになりました。裁判所がその日に指定してきたのですね。

まずしょっぱなの午前10時開廷の公判には、僕も原告として参加します。それから、この日は午後1時10分にもありますが、実は最初の午前10時のやつに、4件の訴訟が一気にまとめられてしまったのです。訴状の内容が似ているからという口実でもって、4件を1件にまとめてきたのですね。とにかくこの日1日で騒ぎを終息させようという魂胆が丸見えでした。

警備陣も100人以上を動員してきましたが、その警備陣がはたして東京高裁の正規の警備員なのか、それとも信濃町にある某宗教団体の「牙城会」という連中なのか、これをじっくりと見極めるチャンスになりました。

〔解説〕2015年3月13日の不正選挙裁判公判

リチャード・コシミズ氏が原告となって2014年12月の衆院選が不正選挙であったとして

選挙管理委員会を訴えた裁判の審理が2015年3月13日、東京高等裁判所にて行われた。だが斎藤隆裁判長は原告に発言の機会を与えず、証拠書類をすべて却下してすぐさま結審を告げ、「閉廷！」と宣して原告全員を強引に退場させた。日本の司法史上、前代未聞の大事件であったはずだがメディアは完全に無視し、大手紙では読売新聞の電子版がわずかに報じたものの続報はなされなかった。

BF　すごかったですね、警備員がスクラムを組んで大暴れしていて、ボクも酷い目に遭った。裁判所を出ると海外のメディアから「何を見ましたか？」と質問されたので、洗いざらい、自分の目で見たことを話しておきました。

「恐るべき日本の悪事が世界中にネット配信されたのです」

RK　これだけ「世界が注目」しているのに、どんな騒ぎが起きても、日本のメディアは一切報道しません。なぜかというと、そういった不正選挙裁判や、もしくは不正選挙の疑いがあるということを、国民に知られては困るのです。だからNHKも読売新聞も一切報道しません。ということは治外法権ですから、われわれは何をやってもいいのではないかなと思いますので、東京高裁で裸踊りでもしてやろうか、と（笑い）。どうせ報道されないですしね。

実際、高裁の公判の模様を盗み撮りして、映像を音声付きでネットに上げても、誰も何も言ってこないし、報道もされません。本来であれば、これは大スクープですから誰かが騒ぎだすはずです。でもシーンとしているのです。何も言いません。これは不正選挙が実在するからこそ、国民に知らせたくないという証左であると思います。ベンジャミンさんも僕が原告をやった裁判に傍聴人として来ていただきましたから、様子はよくご存じだと思いますが……。

BF　座り込みの件ですね。

RK　ええ、裁判所の法廷の廊下に座り込んで、4人ぐらいに引っ張り上げられそうになりました。そして警備員がこう言うわけです。足を踏んでもいないのに、足を踏んだ、蹴った、などと言うわけです。または、足の間に足を入れたと言います。私はそういう趣味はないと言っているのです。ホント、警察の公安の手口です。左翼の過激派などを取り締まるときに、警察官に危害を加えたと、公務執行妨害だとして捕まえるではないですか。あれと一緒の手口です。つまり、この警備員は警察官だったのです。東京高裁の警備員は、実は警視庁の公安部の連中だと、だんだん分かってきました。警察もグルだった。それで、われわれは、むしろ、元気が出たんです。

われわれは、そういう妨害を受ければ受けるほど、徹底的にいつまでも、ネチネチとしつこく、いやらしく攻撃を仕掛けています。棄却されたら上告する、特別抗告するということをやっていて、今は最高裁まで行っている案件もあります。頑張っていますよ。水面下では、本当にいやらしく動いています。とにかく、汚いことをやっている裁判関係者は徹底的に痛めつけます。枕を高くして安眠させませんよ。でも、こちらはたっぷり寝ます。寝過ぎて太るぐらい寝ますが、彼らは寝かせません。しかも彼らの顔を世間にさらします。音楽を付けて、歌にして囃し立てます。

それで今度、この裁判長を裁判官忌避してみました。嫌がらせですね。「浜ちゃん」という愛称の裁判官ですけれども、定年間際になって、こんな不正裁判の裁判長をやらされて、可哀相なのですが、まあ、容赦はしません。彼も裏金でも積まれたんでしょう。あと1年か2年で定年となって弁護士をやるのでしょうが、私たちもそう簡単に放免してあげません。たっぷりといじめて差し上げようと思っています。

例えば、もう一人の裁判長は、かなり有名にして差し上げました。この方をスターダムに押し上げようと思って、歌も作りました。前回の斎藤隆裁判長も有名になりましたけれども、この方もぜひとも同じくらい有名にして差し上げたいです。

この裁判の模様は全部編集して英語の訳と音声を付けて世界中に配信を始めました。ベンジャミンさんも登場しますが、なぜか日本語でしゃべっています。逆に私が英語でしゃべっています。何か変だなとは思うけれども、いいではないかと（笑い）。インパクトがありますからね。

世界に向けて、日本には不正選挙が存在する、不正裁判が存在するという強いメッセージを、今発信している最中です。これが一つの起爆剤となって、日本でこんなに恐ろしい不正が行われているという事実を、世に知らしめることになると思います。私はこの映像を作ってくださった人に大変感謝しています。草の根運動ですね。ここまでやってくれるとは正直、思っていなかったので、期待していなかった分、すごく嬉しかった。ホント、いい出来です。私たちの不正選挙追及というのは、今後もやっていきますよ。

BF　2014年12月14日の衆議院総選挙では、聞いた話によりますと、その回の不正選挙の裏には権力者の間に大きな決裂があって、自民党内の旧田中派勢力が、何とか安倍降ろしをしたいという状況だったということでした。逆に、旧岸派、小泉派などのブッシュとべったりだった集団は、権力の座から追われると刑務所に入るぐらいのことになるので、命を張ってまでも何とか自分たちの立場を守ろうとしているのだと理解しています。

「裏社会相手の戦いはまだまだ続けますよ、絶対に！」

RK　2014年末の衆院選挙の直前、自民党が単独で340議席以上を取るのではないかという話が、まことしやかにNHKの報道番組や、読売や産経新聞の選挙予測で出されたのですが、結果的にはそこまで伸びませんでした。おそらくベンジャミンさんや僕、副島隆彦先生、白川勝彦先生といったお歴々が「不正選挙」に言及し始めたからだと思います。つまり、有力な論客が不正選挙という言葉を口にしだした結果、裏社会の皆さんが少し尻込みしたのではないか、と。したがって347議席などというばかばかしい数字を300弱に調整して、結果的に自民党の議席が3つ減ったという形にして、不正ではないような雰囲気を何とか残そうとしたのではないかと私は分析しています。まあ、その減った分は、見事に、公明党の増加分で帳尻を合わせていましたが。このあたりの「さじ加減」の絶妙さが不正選挙の不正たるゆえんでしょう。

BF　おそらく野党が強く出なかったのは、自民党から「あなたたちが勝つようなことはしないでください」というような脅しが入って、民主党などがきちんと選挙に挑戦しなかったのではないでしょうか。

RK　おっしゃるとおりです。民主党が候補者を立てなかった小選挙区が40もあったのですが、候補者が居ないのですから勝てるわけがありません。民主党は自民党が勝つように、わざと候補者を立てなかったのです。野党協力などと言いながら、結局は共産党が全部に出て野党の票を割ってしまいました。私どもは、共産党のことを第二自民党と呼んでいます。共産党の協力のおかげで自民党が議席を確保することができたのです。日本という国にある与党と野党というのは、裏社会専属のAチームとBチーム、いわば同じ穴のムジナです。

いずれにせよ、不正選挙の目的は、日本初の世界恐慌を引き起こせる傀儡《かいらい》政権をでっち上げることです。しかしこれはもう、ほぼ実現不可能となっています。私たちがけっして許しませんから。
で、もう一つが日本と中国を戦争状態に引き込める国家体制をつくること。これも今ではほぼ不可能でしょう。
問題は、アメリカへの日本資産の提供を行う政権。これは残念ながら安倍政権は、せっせと今でもやっています。ただ、あのやり方でもって、郵貯の200兆円やJA全農の数百兆円を奪い取ろうといっても、私はそう簡単にはできないと思います。年金については、確かに株式市場に資金を投入することによって奪ってしまおうとしています。ここは本当に危険で、なんとか止めさせたいのですが、残念ながら、これについては厳しい状況が続いています。

BF　そちらはボクが頑張って情報を皆さんに提供していきましょう。

RK　とにかく、不正選挙で非合法な政権を捏造して、その非合法な政権に何でもかんでも閣議決定で決めてしまう。これが奴らの手口なのです。ここのところ、私たちがやっている裁判でも分かるのですが、不正選挙裁判は、なんとか1回で終わらせて、黙らせようという、とても強い邪気、目論見があったはずです。実際、最初の公判のときに、私たちは原告や傍聴人と出席して、そんな邪気を浴びて強い疲れを感じたほどです。
でも、判決の日になったら元気になりました。なぜなら彼らがちゃんと動揺して、ビビって、おどおどしてくれたからです。完全に私たちに囲い込まれて自分たちの将来が見えなくなってしまっているのです。裏社会が崩壊する中に自分が身を置いているから、とても怖いのでしょう。

BF　コシミズさんは裁判で怒鳴りあげていましたものね。あれで空気が一変しました。

RK　ものすごく腹が立ったものですから腹の底から大声を張り上げて罵倒してやりました。リチャード・コシミズは怒ると、すごく怖いのです。自分で言うのも何ですが、ものすごく怖いのです。罵倒をしたら、皆ブルブル震えてしまうくらい。日本の闇勢力の手先である彼らも、自分たちの行く末を分かっているのです。僕はこれで勝ったなと思いました。後で聞いたら、仲間の独立党員のメンバーも、「先生、怖かったです」と言っていました。

BF　ジャーナリストは「怒り」が原動力になって取材を続けます。金や名誉を求めているだけじゃないのです。やはり、怒り、もっと良い世の中にしたいのに、それが叶わない苛立ち、それを邪魔している連中が許せない。そういう「怒り」が世の中を変えていくのです。ボクにも、そんな強い「怒り」があって、それで頑張っているのです。

RK　ベンジャミンさんも僕以上に怒ると怖い人ですからね（笑い）。

第5章

核テロの恐怖——阪神大震災から9・11、3・11まで

世の中の常識では、戦後、核兵器は兵器として一度も使用されたことはないとされている。

ところがリチャード・コシミズ氏とベンジャミン・フルフォード氏は、ともに核兵器はテロ用の爆弾として何度も使用されてきた、と主張している。

それだけでなく、その核テロの標的となって最も被害を受けてきたのが「日本」というのである。

リチャード・コシミズ氏は「純粋水爆」と呼ばれる残留放射能が出ない特殊な核兵器がすでに存在していると語る。

通常の水爆（核融合型核兵器）は、小型の原爆を使って水素原子を核融合させる。そのため核分裂した放射性物質が残留する。

純粋水爆はレーザーなどによって核融合を行い、原爆を使わないことで一切の放射性物質が出ない。

レーザーなどを使った技術は核融合発電でも実証されている。

しかしアメリカは1998年に兵器として使用しにくいことを理由に「純粋水爆」の開発を断念、所持もしていないと公式には発表している。

その言葉を鵜呑みにはできまい。

なぜならミサイルに搭載できる小型タイプの開発ができなかっただけであり、アメリカの最新兵器を開発する研究機関ＤＡＲＰＡ（アメリカ国防高等研究計画局）は設置型の純粋水爆の開発に成功しているからだ。

つまり、電力が供給できる大型のビルなどに設置して使用するのは可能なのである。

純粋水爆は小型化すれば威力は通常の水爆より遙かに落ちるが、ビルを爆破するには十分すぎる威力がある。

また、爆破の際、大量の中性子を放出し、そのビル内の人体を蒸発させる。

証拠隠滅にはもってこいのテロの道具となりうるだけにリチャード・コシミズ氏は、その純粋水爆を使ったテロが何度も起きているのだと指摘する。

一方のベンジャミン・フルフォード氏は、核兵器を使った人工地震に着目する。

人工地震といえば陰謀論扱いされやすいが、実は核兵器を使った人工地震は何度も行われていることをご存じだろうか。

地下核実験自体、言い換えれば人工地震であり、日本の地震学者や研究所は、地下核実験に併せて地震計を設置し、地下構造を研究しているぐらいなのだ。

その意味で地下核実験を繰り返してきたアメリカなどは、どのくらいの地下に、どの規模の核兵器を爆発させれば、どのような地震が発生するのか、十分、把握している。

さらに人工地震の研究は、アメリカが唯一、実用化した「シェールガス採掘」で飛躍的に進歩していることも見逃せまい。

シェールガスはオイルサンドの地層に大量の地下水を投入し、その水を使ってオイルを採掘する。その際、大量の地下水で地盤が緩み、近辺で地崩れや活断層が動いて、地震が発生することがわかっている。

つまり、海底深くに穴を掘って核兵器を使用した場合、地下深くの活断層に大量の海水が入って大型の地震を発生させるのは、技術的にそれほど難しいことではないのだ。

核兵器といえば、一般的にはＩＣＢＭに搭載された大都市を破壊する「戦略核兵器」をイメージしやすいが、１９７０年代以降、米ソ両大国が開発してきたのは、小型で持ち運びの可能な「戦術核兵器」であった。

最小サイズの核兵器はバズーカ砲で撃てるほど小型化されているのだ。

そもそも戦場で使用する以上、純粋水爆ほどではないにせよ、放射性物質がほとんど残留しないような工夫もなされている。

アタッシュケースに入るサイズでビル一つを破壊する威力を持つ、そんな「テロ」にぴったりな便利な道具を持っているのに、果たして「使わない」と誰が断言できるだろうか？

被爆国である日本人にとって核兵器の使用は絶対に許してはならない所業である。

だからこそリチャード・コシミズ氏、ベンジャミン・フルフォード氏は核テロの実態を多くの人に知ってもらい、核テロが起こらない世の中にしたいと願ってＦＡＣＴ対談では何度も核テロの問題を話題にしてきた。

そんなＦＡＣＴ対談のなかから核テロの話題を再構成して、みなさんにお届けしたい。

「核兵器が使用されたのはヒロシマ・ナガサキだけではありません」

ベンジャミン・フルフォード（以下BF）　日本人がまったく知らない、理解していないのが、「核テロは世界中で何度も起こっている」という事実です。広島、長崎でしか核兵器は使用されていない、そう信じている人ばかりです。

リチャード・コシミズ（以下RK）　私たちは3・11＝東日本大震災が「核テロだ」と主張してきましたしね。その努力の甲斐もあって、3・11の真実を知る人は、相当数、増えました。3・11が地震兵器であり、その際、核兵器を使った、福島第一原発事故もテロで爆破されたことを理解している人が、本当に増えました。とても嬉しいことですね。

BF　3・11の問題は、単に未曾有《みぞう》の被害をもたらしたテロというだけではありません。日本の世論が、これ以降、一変しました。3・11が起こった2011年3月11日までの日本と、それ以降の日本では、本当に別の国といいたくなるほど世論が変わりました。

3・11まで日本の世論は「反米親中」でした。当たり前です。アメリカ経済はリーマンショックでぼろぼろ。事実上、国家として破産した。それで世界経済を牽引していたのが中国です。2009年には戦後初めて日中間の貿易額がアメリカとの貿易額より大きくなった。輸出が14兆円、輸入が30兆円、日本の全貿易額の4割は中国になった。親中意識も一時は天安門事件の影響で悪化したとはいえ、好感度は5割をキープしていました。それが3・11以後、なんと93%が中国に悪感情を持つようになっています。

RK　データが捏造なのは間違いないでしょうが、それでも、こうした数値が出れば簡単に信じて影響を受ける人も多いですからね。

BF　問題なのは、中国への嫌悪感が高まれば高まるほど、アメリカへの親近感が増えていくこと。これは中国との戦争を想定してしまうからで、そんな事態となったらなんとしてもアメリカに味方になってほしい、そうしてアメリカへすり寄ってしまうんです。

RK　これも3・11が原因ですね。3・11が起こった結果、多くの日本人がエネルギー確保に不安を抱いた。原発が停まるんですから当然です。日本に必要なエネルギー、つまり、石油やLNG（液化天然ガス）を確保できるのか、となる。

BF　戦前の日本は、このエネルギー輸入を断たれて戦争に突き進んだ。アメリカが日本への石油を止めたから戦争をして負けて、戦後の日本はアメリカから石油をもらうために属国支配を受け入れたぐらいです。

RK　そう、小説『油断』が描いた世界です。油の供給を断たれる。これに日本人は非常にナーバスで、温厚な日本人が一変する事案です。3・11で油断を突きつけ、日本人の意識を根っこからひっくり返した。せっかく脱アメリカ路線を志向しなければと覚醒しかけた日本人を、戦後最高レベルでアメリカにすり寄せることに、まんまと成功したわけです。全部、エネルギーに絡んだ陰謀です。日本経済を立ち行かせるためのエネルギーを確保するには、もうアメリカ様にお願いするしかない、日本人の多くが、そういう思考に支配されるようになっているのです。

〔解説〕『油断』

中東からの石油輸入が制限されると日本はどんな状況に置かれるかを描いたシミュレーション小説。経済企画庁長官を務めた評論家・堺屋太一が1975年に発表した。1973年に書き上げられていたが、現実にオイルショックが発生したので、不安を助長させないために出版を見送った。石油危機が落ち着いた1975年に、第一稿に若干の修正をして出版。当初、堺屋は某中央省庁出身として素性を伏せていたため、覆面作家として発表した。

BF　戦後最高レベルの反米親中だったのが、3・11で一転して戦後最高レベルの親米反中になる。これを「偶然」、100年に一度の天災というから真実が見えなくなるのです。

RK　そういえば、同じく日本人の意識を根底から変えたのが、1995年に立て続けに起こった二つの大事件、「阪神淡路大震災」とオウム真理教による「地下鉄サリン事件」です。この二つの事件により、バブル崩壊で揺らいでいた社会不安が一気に爆発しました。

BF　ジャパン・アズ・ナンバー1と自信に満ちあふれていた日本が、ホント、棒で叩かれた犬のようにおとなしくなりましたからね。それ以降、牙を抜かれてアメリカの言いなりです。

それだけでなく、戦後に経済復興して、素晴らしい日本製品を作ってきた日本の経済システム、ボクは「経済企画庁システム」と呼んでいますが、資本主義における計画経済、国家資本主義ですね、これを徹底的にアメリカによって潰された。

この戦後日本の経済システムを受け継いだのが今の中国です。中国共産党は1970年代から日本の経済システムを徹底的に研究して、1990年代になって資本主義を受け入れた。中国経済の悪口を言う日本の経済学者は、天に唾するようなものでしょう。世界を驚かせた日本の戦後復興を否定するようなものです。

RK　バブルが崩壊したからといって、すぐに自信をなくしたわけではなく、1990年代半ばまで日本人はまだまだ希望を持っていたのです。当時の日本人にすれば想像を絶する、まさか、こんなことが起こるなんて、という二つの大事件が起こって、ついに日本人は自信を喪失した。これ以降は、ユダヤ金融勢力の言いなりになってしまったわけです。

BF　たしかに、この二つの事件がなければ、日本はバブル崩壊の処理で、ハードランディングで処理して、とっくに解決していた可能性がありますね。それが、この事件で自信を喪失して、ブッシュの言いなりになってソフトランディングの道を選んでしまった。日本人の貯め込んだお金を差し出して、犯罪者を見逃して、なあなあでごまかして、日本経済自体をものすごく弱くしてしまった。実にタイミングがよかったんです。絶妙といってもいい。

それもそのはずで、中曽根政権時代、公共事業にアメリカ企業も入れることにして、そうして本州と四国をつなぐ本州四国連絡橋の橋脚はベクテル社が請け負った。ベクテル社はブッシュ一族がオーナーといわれている世界最大の建設会社。一族支配だからと株式を公開していないから確認できませんが。ということはつまり、内部の情報を一切出さない企業を、日本人の税金が投入される公共事業に参入させたわけです。これも偶然であるはずはないのです。

RK　ベクテルは青森県の六ヶ所村（核燃料再処理工場）も建設していますよね。

〔解説〕ベクテル社

アメリカ・サンフランシスコに本拠を置き、総合建設業を営む多国籍企業。石油コンビナート、発電所、ダム、空港、港湾などの建設を請け負う世界最大級のゼネコン。従業員数約4万4000名の巨大企業ながら非上場の同族支配なので、内情には不明な点が多い。日本法人は「オーバーシーズ・ベクテル・インコーポレーテッド株式会社」で、東京都千代田区丸の内に本社が置かれている。同社は青森県の日本原燃（核燃料サイクルの商業利用を目的に設立された国策会社）の六ヶ所再処理工場、明石海峡大橋、羽田空港、関西国際空港、中部国際空港、東京湾横断道路などの大規模公共工事に参加している。

BF　ベクテル社は明石海峡大橋の橋脚工事を請け負って、大規模なボーリングを行っています。その際地下深くに原爆を仕掛けて、それを爆発させて阪神淡路大震災を起こした。これも3・11とまったく同じ。ただ、1995年当時、誰もそんなことはありえないと考えなかったし、調べることもなかった。ボク自身がそうでしたから。

RK　僕は3・11の以前から主張していたのですが、阪神淡路大震災を調べたところ、地震の波形データを詳しく分析すると、わずか1秒間のずれで二つの震源地で大きな地震が発生していた。これは自然地震ではありえない現象です。いや、震源地ではなくて爆破地点かもしれません。そのうえ、「ベクテルあるところに地震あり」と揶揄《やゆ》される疑惑の企業が暗躍していて、「ああ、やっぱりな」と腑に落ちました。地震の前日、神戸在住の白人たちがいっせいに避難していたとか、本四《ほんし》連絡橋の橋脚をベクテル社が建設していたなんて情報は、誰も調べませんでしたからね。

BF　ともかく1995年の阪神淡路大震災で用いた「核テロ」は非常に効果的だった。それから、どんどん、世界中で核テロをやるようになった。まずは、この事実を知ってほしいですね。核テロは当たり前のように起こっているのです。

「9・11の行方不明者は〝純粋水爆〟で蒸発させられたのです」

RK　最近の核兵器は「クリーン」、奇麗なんです。爆発してもビル1棟ぐらいで終わってしまいますから、それが核兵器だと分からないのです。具体的に言うと、9・11のWTC（ワールド・トレード・センター）があります。

BF　あれも旅客機なんかぶつかっていなかった。全部、合成映像です。そう、9・11では間違いなく核兵器が使われただろうと思われます。WTCのときは1600人ぐらいがDNA鑑定でも見つからないほどで、全部蒸発してしまったということですね。それからインドネシアのバリのディスコの爆破事件のときは、10人以上が遺体まで完全に蒸発してしまっています。

〔解説〕バリ島爆弾テロ事件

2002年10月12日、バリ島南部の繁華街クタで、路上に止めてあった自動車爆弾が爆発、向かいのディスコなど多くの建物が吹き飛んで炎上し、外国人観光客を含む202名が死亡した。犯行声明は無かったが、インドネシア当局は国内のイスラム過激派「ジェマ・イスラミア（JI）」幹部の多数を犯行容疑で拘束した。世界有数の観光地で発生したテロは衝撃を与えた。

BF　3・11も、やはり非常に威力の小さい超小型の核兵器を使っていますが、これは殺傷が目的ではなくて、放射能汚染を捏造するために用いたということで、彼らはちょこちょこ使っているのですね。3・11の地震そのものも、海底に埋め込んだ大型の核兵器を爆破して海底にクラック（ひび割れ）を作り、大量の海水をマントルに近いところで流し込むことで、水蒸気爆発の力によって大きな地震を引き起こすという方法なのです。

RK　従来型の原爆や水爆は、高熱と高圧を作り出し、水爆の核融合反応を誘発させるものです。原爆同様の放射能汚染が発生します。爆発時の光や爆風に直接晒されれば、即死しなくても短期間に症状が出てくる。また、爆風に晒されなくても爆心地周辺の地上での生活を続けるかぎり、放射線障害で高い比率で死者が出る。シェルターなどに隠れていれば被曝度は軽減されますが、地上の放射線量が減るまで地下に潜っていなくてはならない。放射能は時間の経過とともに地球全体を被っていく。地上は長い間、死の世界と化すのです。

核戦争は勝者のない戦いです。ＩＣＢＭを先に発射しても敵に到達する30分の間に敵は報復のミサイルを撃ってくる。結局、どちらも核で破壊される。米国に、そしてロシアにそれぞれ３００発の水爆がふりそそぐ。世界の他の地域も攻撃されます。

だから、核戦争は起こせない。相手を倒しても自分もやられてしまう限り、どちらも核のボタンを押すことができない。これが今までの核戦争の共通概念でした。

ところが、核テロで最も心配されている「純粋水爆」、これは放射能を出さない、完全に核融合させる新しいタイプの核兵器でして、このタイプは爆発しても熱が発生するだけで放射能は飛散しません。「高熱」「爆発力」だけが兵器の破壊力となる。何もかも融かしてしまう、蒸発させてしまう。WBC倒壊で未だ行方不明の1000人を超える犠牲者のようにです。でも、ニューヨークの街は「核汚染」はされなかった。

これなら核兵器を使ってもばれない。その実例が、9・11のときのWTCや先のバリのディスコの爆発だと僕は考えています。

繰り返しますが、既にテロに使える核兵器があるのです。アメリカだけではなく、中国やロシアも持っていると思います。ユダヤ金融資本は、その核兵器で報復されるんじゃないかと危惧して、「テロに使える核兵器がある」という情報を慌てて発しているのでしょう。まさに、語るに落ちるです。自分たちが過去に使っているから、きっと相手も自分に対して使うのではないか、とビビっているわけです(笑い)。

BF　3・11では、かなり強力な破壊力のある核兵器を使っています。

●——「空母ロナルド・レーガン集団訴訟を知っていますか?」

RK　このニュースは、ぜひとも皆さんに知っていただきたいと思います。ロナルド・レーガンの乗組員4843名のうち、悪性新生物（悪性腫瘍）が46名、甲状腺疾患が35名、呼吸器系疾患が931名、消化器系疾患が722名います。

〔解説〕空母ロナルド・レーガン乗組員集団訴訟

東日本大震災と福島原発事故時に従事した「トモダチ作戦」で被曝したとして空母「ロナルド・レーガン」の乗組員ら米海軍兵士239人が、東電、東芝、日立、GE（子会社エバスコ）など4社を訴えて10億ドル（約1100億円）の慰謝料を求めた集団被曝訴訟、アメリカ連邦地裁で争われている。大震災発生時、空母ロナルド・レーガン（乗組員5千人）は韓国に向かっていたが、「トモダチ作戦」の下命を受け福島第一原発1号機が爆発した12日に三陸沖に到着した。14日には第一原発から1・6〜3キロの間で放射性プルーム（気体状の放射性物質を含んだ雲のような塊）の中に停泊していた。兵士はプルームの中で防護服の着用もなく艦載機の発着、整備など5時間の甲板活動を行い、また上空からヘリによる原発事故調査も行った。さらに空母は海水を脱塩して飲料水にしているので、15日に飲用が中止されるまでの3日間、高線量の放射性物質に汚染された水が飲料用、調理用に使われた。そのため内部被曝は確実としている。甲板の除染作業も通常の戦闘服で継続し、使われた水も汚染海水だった。またベッドが換気システムの脇にあったため、ホットスポットの中で生活し、がんになった兵士もいると主張している。2015年3月7日、TBSテレビの「報道特集」でこの問題が取り上げられた。

BF　ロナルド・レーガンとは、アメリカの原子力空母ですね。3・11のとき、日本近海の太平洋で、まるで3・11が起こることを事前に知っていたかのように待機していて、地震発生直後、すぐさま三陸沖で救援活動を行いました。それが日本人をすっかり騙《だま》した「トモダチ作戦」です。このトモダチ作戦に従事した兵士一人ひとりは立派だと思いますが、その災害を起こしたのがブッシュのナチス勢力です。その意味でアメリカ兵も騙されて被曝した。この件もあって、この3・11以後、米軍はパパ・ブッシュと対立していくことになります。

RK　そのきっかけとなったのが、ロナルド・レーガンの被曝だったはずです。

　ベンジャミンさんが説明したとおり、3・11の際、この空母は誰も呼んでいないのに、まるで知っていたかのように三陸沖に現れたのです。しかも福島原発の沖合には行っていないので、三陸沖で被曝したということです。三陸沖で被曝して、これは大変な放射線量があるということで、総員で甲板に除染剤をまいて、必死になってモップで掃除をするなどいろいろなことをやっていました。原子力空母は海水を乗組員の飲料水として用います。電力が豊富なので海水を煮沸して蒸留水にするわけです。だから艦内で水を飲んだり、シャワーを浴びたりする都度、被曝していったんでしょう。

繰り返しますが、3・11で、どうして三陸沖で被曝するんですか？　その答えははっきりしています。三陸沖の地下で核兵器を使って地震を起こしたからです。

●――「フクイチを管理していたのはなぜかイスラエル企業でした」

BF　ボクもジャーナリストですから一次情報をベースにしています。3・11の後、すぐに放射線測定機「ガイガーカウンター」を買いました。なぜかというと、「放射能のカウントが危ないぞ」「東京にいてもみんな、死ぬぞ」というプロパガンダがすごく活発で、本当かなと思い、自分で確認したかったからです。そして東北のほうから雨雲が来た日に、雨水が溜まる場所で測定しても何も反応はありませんでした。それからボクの友人で、ずっと原発反対運動をしていた人も放射能測定機を持っていましたが、異常な数値の放射線はまったく検知しなかった。直接情報では、何もなかったということです。

RK　それがレベル7だの、チェルノブイリを超えただの、すごく恐怖心を煽っていましたよね。われわれ東日本に住んでいる人間は、みんな、これから癌になって死に絶えるのだと、いまだに思っている人が居るらしいですね。本当にたくさん人が放射線被曝で死ぬのだとすれば、みんな、とっくに兆候が出ているはずです。

BF　ボクは有機野菜を買っていて、お店がすべての野菜の放射能チェックをしていますが、2015年までの4年間で、ただの一度も異常な数値を見つけた試しがないそうです。

RK　つまり、福一（福島第一原発）の放射能漏れというのは、僕が何度も説明しているように、実際は漏れていないのです。燃料棒なんて、「うまい棒」の2、3本が入っていたという程度であろうと思います。実際は青森・六ヶ所村に燃料棒は移設されていて、福島第一原発は元から稼働していなかったと、そう僕は読んでいます。全部が謀略です。

BF　経産省のエネルギー部門担当で、原発の現場にいた官僚と話したことがありますが、あそこ（六ヶ所村）には何もないそうです。全部、プロパガンダ合戦になっているのです。確かにアメリカの盗聴をしているNSAという連中によると、福一の4号機が小型原子爆弾で爆破されて、一時、放射能があったのですが、日本は雨が多いから、とっくに全部海に流れているという話でした。

RK　それに絡んで登場するのが「マグナBSP」です。日本のメディアはマグナのマの字にも触れません。メディアが触れないことで真実を隠しているわけです。そうしてロナルド・レーガンの乗組員は、これからどんどん死ぬ人が増えていく。いったい、どう言い訳をするつもりなのでしょうか。

〔解説〕マグナBSP社

福島第一原発をはじめとする日本国内の全プラントの管理・警備システムを請け負う。イスラエルで設立された企業であり、日本法人はマグナ通信工業株式会社。なぜ外資系企業が機密性の高い原発の警備システムを担当するのかは当然の疑問だが、原子力安全・保安院は「福島第一に限らず、どんな機器を採用しているかは報告の義務がないため把握していない」とする。東電は「セキュリティに関しては一切お答えできません」とノーコメントを貫く。同社は2020年の東京五輪でも受注をめざしているとされる。

RK　トモダチ作戦によるアメリカ兵の被曝問題が、2015年3月7日のTBSの「報道特集」で取り上げられました。「東日本大震災発生から4年。福島の厳しい現状と福島第一原発の廃炉作業の最前線を取材した」ということで、途中から「トモダチ作戦の米兵ら、東京電力などを提訴」というふうに出ていますが、このプロデューサーは何も分かっていないな、と思います。多分、頭の中で福島原発の核汚染と、米兵の関わりが理解できていないのでしょう。

あと、9・11でも「ロナルド・レーガン」と一緒のことが起こっています。WTCの救助従事者の人たちが、どんどん癌になっています。

BF　その多くはノンメラノーマ。ようするに、一番よくある皮膚がんはメラノーマで、それ以外の皮膚がんの種類という意味です。二番目がメラノーマという皮膚がん。これは大きな黒子《ほくろ》のように黒くなるタイプの癌です。

RK　とにかく、肝臓がんだの胃がんだのがあって、無いのはせいぜい心臓がんと子宮がんぐらいです。その当時、WTCに救助に駆けつけた人たちが、どんどん癌になっています。白い粉末、粉塵を浴びた人たちも、どんどん癌になっています。

僕は心配でした。核テロの現場にたくさんの人間が居ましたから、あの人たちが癌になり始めたら、とんでもない数になる。当然、核テロの事実が発覚してしまいます。それでもWTCの破壊をやったのは、あの9・11から3年から5年以内に、最終戦争を引き起こす予定があったからではないかと思うのです。それができなかったから、今になって大量の癌患者が出てきてしまったわけです。

それを一切報道させないで、ニューヨークタイムズ、ワシントンポスト、ウォール・ストリート・ジャーナル、一切、口をつぐんだ。マイナーなニューヨークポストなど、その辺がちょろちょろと1000人死んだとか書いていますが、その死因については一切触れません。いろいろな原因があるとか、複合的原因があるということだけで終わっています。複合的原因でもって、こんなにたくさんの人が、肺がんになったり、胃がんになったり、肝がんになったりするわけがありません。われわれ日本人が見たら、すぐ分かります。核汚染による被曝です。

「旧ソ連原潜から朝鮮総連ビルまで核兵器が運ばれました」

BF　ボクもしつこいぐらい言い続けていますが、もう一度、説明したいと思います。

3・11の前に既に公言していたことですが、これから日本で核テロが起きる、と。これは麻薬を密輸している人間から、詳しく経緯を説明されたからです。彼が密輸した麻薬と一緒に、今度は核兵器が日本国内に持ち込まれていたわけです。彼にとって麻薬密輸はまだ分かりますが、原子爆弾は一線を越えていたので、内部告発したそうです。

詳しい経緯は、こうでした。2000年に旧ソ連の潜水艦クルスクが沈没して、その中から原子爆弾4発が盗まれました。その原子爆弾は500キロトンですから、広島、長崎の20倍ぐらいの破壊力があるわけです。その一つが、大西洋上、西アフリカのサントメという島の旧ナチスの潜水艦基地まで運ばれて、そこからニューギニア（インドネシア）の潜水艦基地まで運ばれています。ニューギニアには建前上、金の鉱山があります。鉱山開発を隠れ蓑に秘密の潜水艦基地を作っているのです。その人はタイのパタヤに呼ばれて、英国特殊部隊のスティーブンという士官に核弾頭を見せられたそうです。それをヨットでフィリピンまで運んで、フィリピンから日本の沖縄の島へ行き、そこから漁船で核弾頭が九州まで運ばれています。

九州からはトラックで運び、最終的に東京・日の出町の中曽根康弘が所有する不動産に運び込まれました。その情報を、僕は朝堂院大覚という人物に、「今、日の出町に原子爆弾があって、それは日本に対して核テロに使われる予定ですから、何とかしてください」と伝えました。ブログにも書いたし、公安警察にも言いました。でも、誰も何もしませんでした。しかも、その後、それが朝鮮総連の本部ビルに運ばれました。「今は朝鮮総連ビルの地下にありますよ」と伝えても、警察も動かないし、誰も何もしません。その後、公安警察の人間から、今度は「ちきゅう」という船（地球深部探査船）に運ばれたと言われました。「ちきゅう」は海底10キロの穴を掘れる深海探査船です。

〔解説〕**地球深部探査船ちきゅう**

マントルや巨大地震発生域への大深度掘削を可能にした世界初のライザー式科学掘削船。国立研究開発法人海洋研究開発機構（JAMSTEC《ジャムステック》）の「国際深海科学掘削計画（IODP）」の主力船として地球探査を行い、巨大地震・津波の発生の解明をめざすとされる。

BF　仙台の地元新聞には、3・11の直前に「ちきゅう」が深海で作業をしているという記事が出ていました。それに泉パウロ氏のところに駆け込んだ自衛隊の技術者が、大きな原子爆弾を5つの小型のものに分けて海底に埋め込んだという、詳しい技術的な証言まで出ているのに、まだ関係者は誰も逮捕されていません。ただ、この時期にアメリカ軍の中で200人ぐらいパージされているのは間違いありません。

とくに恐ろしいことは、これも元の新聞でも確認できますが、アメリカの核爆弾担当の将校が全員クビになったことです。みんな、世紀末思想を持つ宗教的な人たちで、それを使って世紀末を起こせば、神様が来ると思い込んでいた連中だったそうで、全員、クビにしているんです。ただ、まだ行方不明の原子爆弾はたくさんありますから、核テロの危険性が非常に高いと思います。

RK　2014年、朝鮮総連のビルが競売、差し押さえられたのも、この「原爆の隠蔽」が絡んでいるのは間違いないでしょうね。

「公安警察K氏から菅元首相への脅迫情報を聴きました」

BF　さっき、コシミズさんがちらっとおっしゃった「マグナBSP」は、福島や他の原発の警備を担当するイスラエルの民間軍事会社です。その会社も訴えられるべきですよね。

これは日本の公安警察のKという人物から直接、聞いた話ですが、3・11の翌日、イスラエルのネタニヤフ首相が、当時の菅直人首相に電話をして、「日本が持っている米国債を全部、名義変更しなさい。そうしないと、すべての日本の原発を爆発しますよ」と、日本が持っている外貨を俺たちによこさないと、すべての日本の原発を爆破するぞ、と脅したというのです。で、菅さんは大人しく渡したそうです。

ボクもその情報を聞いて、財務省に、「今、外貨はいくらありますか」と電話をしました。毎月、日本が持っている外貨の発表をしているのですが、20分ぐらい待たされました。全部渡したのであれば、財務省で分かりますよね。それが20分間待たされた末に、ドルではなく、日本円で数字を出してきたわけです。そういうこともありました。

RK　イスラエルのマグナBSPは、建前上は原発安全管理会社で、日本の原発すべての安全管理をやっているそうです。しかし、詳細は機密情報、完全に隠蔽されています。しかもその実態は安全管理ではなく、日本の原発爆破テロです。

僕のところのスタッフに、いたずらっ子が居まして、「マグナBSPとの関係について、教えてください」と東京電力に電話をしたのですね。そうしたら、東電の担当者が何と言ったかというと、「安全管理上の問題がありますので、一切お教えできません」と逃げてしまったのです。イスラエル本国のメディアでも、エルサレム・ポスト紙は「マグナBSPが福島第一原発内に設置した監視カメラ」、ハアレッ紙も「フクイチにはマグナ社の警備システムが導入されている」と報道しているのにですよ。

考えてみてください。原発の事故が起きているのに、安全管理をやっている会社が、なんで記事にならないのですか。おかしいでしょう。こんなおかしなことはありません。つまり、そこにテロがあるからです。隠しておきたい情報があるから、マグナBSPには一切触れないのです。これが日本という国の本当の構造なのですね。

「なぜ、原発の警備を外国の企業が請け負っているのか」という基本的な疑問をメディアも国会も警察もまったく追及せず、今日に至っています。「そこには触れるな!」の指令が、全メディア、国全体に通達されている。恐ろしいことです。たった一度だけ、マグナBSPと福島原発の関わりを報じた大手出版社の週刊誌の電子版サイトには、記事の出た直後、「これ以上触れるな!」とのきつーい指令があったことでしょう。これこそが、日本の巨大メディアが触れるはずのない3・11の暗部、恥部、患部です。

私はそこから、3号機の水素爆発が実はマグナ社の絡んだ小型核爆発であることに到達しました。東大を立派な成績で卒業した大手新聞の記者さんにはとうてい無理な仕事でしたね。

マグナBSPが福島第一原子力発電所を「爆破」した方法を説明しましょう。

まずマグナBSPが冷却装置破壊ウィルスを福島原発に送り込んで冷却システムを破壊します。

そうして3号機に監視カメラ型の小型核爆弾を仕掛けて爆発させたのです。ここで使用したのは、さっきも説明した純粋水爆です。

福島第一原発を純粋水爆で爆破した偽装事故、3・11の地震と津波は「ちきゅう」が掘削して海底深部に埋めた大型の核兵器を使って起こしたものなのです。

その証拠の一つが、当時の内閣官房参与で劇作家の平田オリザの発言でしょう。3・11から2カ月後、韓国・ソウル市内での講演会で「東京電力福島第一原発事故の対応で汚染水を海に放出したのはアメリカ政府からの強い要請を受けたものだった」と発言し、それを2011年5月18日付けの読売新聞が記事にしています。余計な発言だったのでしょう。平田オリザは即座に記事の内容を否定したのですが、これは否定しろとの指令によるものと考えて間違いない。

アメリカが汚染水を海に流させた理由は海底に埋め込んだ核爆弾を爆発させた以上、さっきも話したように、三陸沖には大量の放射性物質があるからですね。そこで三陸沖に大量の放射性物質がある「理由」をでっち上げるために、東京電力に命令して汚染水を垂れ流させた。こうして福島第一原発は津波の被害によって事故を引き起こし、その結果、大量の汚染水を近海にばらまいた、というストーリーを完成させた。

でも、すべてはでっち上げであり、その実態は核テロだったのです。

BF　イギリスで、マイケル・シュリンプトンという弁護士の裁判がありました。彼は、2012

年のイギリスのロンドンオリンピックで核テロの可能性があるという警報を発した男で、そのことが迷惑行為だったために起訴、裁判に掛けられました。そのときに、裁判所で「3・11は日本に対する核テロだ」という綿密な証拠を提出しています。

RK　こうした「事実」をどうして大手メディアは報道しないのでしょうか？　少なくとも地震学者は3・11が極めて異常な地震だった、自然に起きるような地震ではなかった、と指摘すべきです。全員、金をもらっているのでしょうか。

まあ、日本の地震学者たちは「地震予知」の名目で金がばらまかれていますから、権力の犬なのでしょう。むしろ、地震が起こると警鐘を鳴らすのは在野の学者が多いですし。それは闇金をもらってないから、自由に発言できるのでしょう。

「外国特派員協会にも〝放射能プロパガンダ要員〟が来ましたね」

BF　それと3・11以降、突如、放射能恐怖症を煽るキャンペーンが始まりました。

ホント、それが酷かった。東京・有楽町の日本外国特派員協会に、放射能の影響を気にする科学者の会の人がずっと居座っているのですが、これがおかしいです。いつも外国人の特派員に向けて、「放射能が大変だ」と触れまわっているのです。そこでボクが「あなたは放射能測定器、ガイガーカウンターを持っていますか?」と聞いてみると、「持っていない」と答えます。「科学者が使っているところを見たことがありますか?」と聞くと、「見たことない」と言います。明らかに、アメリカ国務省のプロパガンダ・エージェントなのです。それが外国特派員協会で幅を利かせているわけです。

それと3・11のとき、最初は震源地が海底10キロだと報道されました。地元の仙台の新聞によると、ちょうどその震源地だったところで、「ちきゅう」が海底に穴を掘っていたのです。ちきゅう号は10キロの深さまで穴を掘ることができるので、ボクがブログにそれを書いたら急に報道が変わりまして、震源地は「深さ20キロ」となった。ようは隠蔽です。

RK　大きな地震というのは本来、深度40キロ、50キロという深さで起きます。堅い岩盤が動くから大地震になるのです。それが最近の大地震は全部、深度10キロ程度です。「100均」みたいに全部10キロです。今回の熊本地震もすべて深さ10キロ、あっちもこっちも全部です。実におかしいのです。

理由は人工地震だからです。さっきも説明しましたが、地下10キロまで掘って、そこで原子爆弾を爆発させて、地盤にクラックを入れて、大量の海水をマントルへと流し、そこで大地震を発生させる方法だからです。

BF　2004年のインドネシア地震、スマトラ沖の大地震による津波で大きな被害が出ましたが、アメリカ政府は、地震直前に対テロ戦争の名目でアジア向けの船の多くが通るマラッカ海峡に、米軍の艦船を航行させてくださいと頼んで拒まれました。

RK　テロの名目にしたのが、２００2年のバリの核テロというのが、ね。

BF　はい。あれもイスラム過激派のテロにでっち上げていましたから。それでスマトラ沖の地震で津波が起きた日、やはりアメリカの艦隊が救援物資を満載して近海で待機していました。「トモダチ作戦」と一緒です。普通であれば、海を渡るまでに10日かかりますよね。オーストラリアから急いだとしても、その前から待機できるはずはないのですから。それがトモダチ作戦でも応用されていたわけです。まさにいつもの手口なのです。

ちょうどミャンマーの選挙のときもハリケーン、いや、アジアではタイフーンですね、この台風で20万人が亡くなりましたが、そのときも援助物資艦隊が事前に待機していた。ということは、これも全部、気象兵器です。ハリケーンのカトリーナもそうでした。

〔解説〕気象兵器

人為的に気象や環境を操作して敵対する国家や地域に損害を与えることを目的とした兵器。
米国の研究者ジェリー・E・スミスの著書『気象兵器・地震兵器・HAARP《ハープ》・ケムトレイル』を翻訳したベンジャミン・フルフォード氏は同書の解説で「四川大地震や新潟県中越沖

地震、東日本大震災はアメリカ政府のイオンプラズマ兵器による攻撃であり、これらの気象兵器を使う脅迫により、郵政民営化や民間銀行の外資買収が行われた」と主張している。

BF　初めてこういう話を聞かされたとき、ボクもすぐには信じられませんでしたが、よくよく調べてみると、1976年6月18日から20日までの間、ニューヨークタイムズ、ワシントンポスト、日経、読売などの報道で、ソ連とアメリカがお互いを地震兵器で攻撃しないという国際条約を結んでいました。そういう兵器が実在していなければ、そんな国際条約を結ぶ必要はないでしょう。

それと、これはペンタゴンの米軍ホームページで確認したのですが、1987年の記者会見で国防長官が、将来、テロリストが地震兵器を使って、火山の噴火や地震を起こすという発言をしているのです。それで本当に存在するということが分かりました。

RK　そう考えると、1995年の阪神淡路大震災が「核テロ」の始まりとみることができます。すべては阪神淡路大震災から始まったのです。

「米中の核ウラ談合と新国防長官はリンクした問題です」

BF　今のウクライナでも「核テロ」をやっています。2015年2月、小型核爆弾を爆破させました。その映像がちゃんと残っているのです。表向きの発表では火薬工場の爆発事故ですが、東ウクライナ自治区の広報官は、記者会見で「TNT火薬500トン相当の爆発だった」と明言。これには「小型原子爆弾以外にありえない」との専門家の意見が噴出しました。

そして何が起きたかというと、アメリカが中国と裏で手を組むことにして、2015年、アメリカに新しい国防長官が誕生しました。先にも話しましたが、アシュトン・カーターという人物です。その前のヘーゲル国防長官は、本当にとろい男でした。話している姿を見ても分かります。この人はバカで操りやすいから国防長官に任命されたのですが、後任のアシュトン・カーターは理論物理学博士です。天才なのです。今までとは違います。ハザールマフィアの命令に従うバカをトップに据えたのではなくて、内部出身の生え抜きです。

今までこういう有能な人たちは、組織である程度まで出世すると、それ以上は壁、見えないガラスの天井があって、それ以上の上の地位には行けなかった。ブッシュ率いる、ナチスマフィアのメンバーでないからですよ。ところが、このアシュトン・カーター、マフィアじゃない人物がペンタゴンのトップに就きました。そして即座にCIA本部に軍が家宅捜査に入りました。核テロがCIA発だからです。CIA本部の周りには警察捜査現場に使う規制テープが張られています。その証拠写真は地元の政治ブログの人たちが撮っています。

そしてCIA本部が捜査されている最中にウェストバージニア州で「核爆発」がありました。C

NNのニュースでは石油貨物列車が爆発したと報じていましたが、爆発の現場はCIA本部近くの民間空港だったのです。推測ではありますが、裏でペンタゴンとCIAによる特殊部隊同士の戦いがあったのだと思います。その場所で核爆発があったのは偶然ではないでしょう。ちょうどペンタゴンに家宅捜査が入った時期ですからね。

あと、世界中のイスラエル大使館には原子爆弾が置かれていたそうです。世界に対する脅迫のためにですが、今、これが全部撤去されている最中だというふうに聞いています。アメリカ軍が超高性能の放射能測定機を使って、全部見つけて、撤去しています。ですから、もう少しでハザールマフィアの核脅迫が終わるとも聞いています。

「最近の地震は〝第二の3・11計画〟かと少し心配です」

RK　僕が少し心配しているのは、「第二の3・11」が計画されているのではないかなと思われる情報があることです。

2015年2月の徳島での地震は震度5強でしたが、あれがまず、おかしかったのです。一つには、緊急地震速報が、地震の揺れが起きた後に出たことです。人工地震の場合、揺れは1回しかありません。自然地震の場合はP波とS波があって、まずP波を検知すると、もっと大きなS波が来るという予測ができるので、そこで緊急地震速報を出すわけです。ところが、今回は揺れてから緊急地震速報が出ました。つまり、気象庁の機械はかなりの揺れが来たから、本震はもっと大きいものが来るだろうと自動的に予測して、緊急地震速報を出しました。ところが、もし人工地震であれば、第二の地震波は来ないのです。ですから、おかしなことに、緊急地震速報が揺れの後になるということが実現するのです。

それから、徳島での地震の少し前に、瀬戸内海でイルカやクジラが打ち揚げられたというニュースがありました。これは海中で潜水艦がソナーなどの音波を発する機器を使って作業をしていると、こういうことが起きるのです。特にゴンドウクジラ、それから普通のイルカが影響を受けやすいのです。三半規管というか、聴覚器官をやられてしまうのですね。それで異常な行動を起こすのですが、どうもこれが徳島周辺で見られたので、少し心配だなと思います。

それから、今回の地震は震源の深さがたったの10キロです。普通の地震は、大概は深さ40キロから50キロなのですよ。ところが、最近起きている地震は、ほとんどが10キロです。ひどいものでは、深さ0キロというものがありました。それは一体何ですか。

最近の地震について面白いデータがあります。大きな地震が発生する頻度ですが、マグニチュード6から8の間の地震の頻度は、1995年くらいまでは、ほとんどなかった。それが阪神淡路大震災以降、一気に増えたのです。おかしいですね。インドネシアのスマトラ沖の地震については、最近、ブルガリアのメディアが変なことを言っています。あれはインドの核実験で起きてしまったんだと、そんなことを言っている報道があるのです。

BF　先ほど説明したように、ウクライナで原子爆弾が爆破されました。ボクの情報源《ソース》は「ウクライナにはまだ4発の核兵器がある」と告げてきました。問題なのは、追いつめられたアメリカ政府、これはワシントンDCの勢力ですが、彼らが核テロで延命を図ろうとしていることです。さらに、逮捕された国務省の人間が所持していたドル紙幣は偽札でした。

これは余談ですが、以前、日本の諜報関係者からこんな話を聞きました。冷戦時、その人がアンゴラという国へ行って、共産党の大統領に会ったのだそうですが、大統領が50億ドルの紙幣が積まれた蔵を見せながら、これをプレゼントしたのはパパ・ブッシュであり、「このドル札を使ってソ連から武器を買え」と渡してくれたそうです。ずっと、そうして冷戦をでっち上げて戦争で金儲けをしていたんです。

だからBRICs《ブリックス》も、アメリカ、ワシントンDCの手口をすっかり見抜いています。ウクライナでは核テロでオデッサという人口100万の大都市を破壊しようとしましたが、ロシア軍、アメリカ軍、中国軍は、騙されて第三次世界大戦を起こすようなことは決してしないと裏で約束しているのです。9・11のようにマッチポンプで騙すのは難しくなっています。

ただ、テロ用の核兵器は、まだまだ残っています。アメリカ正規軍が公開している「ベテランズ・トゥデー」という軍事サイトに、イギリスのジェームズ・キャメロン首相が在任当時、闇で造られた原子爆弾6発を南アフリカから買って、イスラエルへ供給したという詳しい証言が出ています。ボクも英国政府の人間に確認を取ったところ、彼らも同じ情報を持っていました。

「怪しい情報を共有して核テロをこの世界からなくしましょうよ」

RK そういえば2015年11月13日、パリの八百長テロが起こったとき、不思議な情報が駆け巡りました。南九州で巨大地震が起こり、日本人1万8000人が津波に呑まれたというニュースを欧米の各メディアが一斉に報じたのです。

確かにその日、マグニチュード7・0、最大震度4の地震があった。その程度の地震なら日本では日常茶飯事で、実際、被害らしい被害は皆無です。ただ、地震発生場所は戦艦大和の沈没地点と一緒で、震源地は再稼働した川内《せんだい》原発に近い場所でした。これだけで、分かる人にはピンときます。人工地震だったのです。

BF 大和や武蔵もそうですが、ああした沈没艦を深海艇で探す活動をするのは珍しくない。恰好のカモフラージュになるんですね。事実、戦艦武蔵を発見したのはマイクロソフトの共同創業者で、大資産家のポール・アレンです。

RK　これも徳島のケースと同じで、緊急地震速報が出て携帯電話のアラームが鳴り響いたのに、P波のみでS波は来なかった。人工地震の証拠です。

それだけでなく、このとき、人気ミュージシャンのジャスティン・ビーバーが、なぜか、「パリのために祈ろう」「日本のために祈ろう」というメッセージを出した。これにファンが驚いて「同時多発テロのあったパリは分かるが、どうして日本なの？　日本は今日も平和だよ」となった（笑い）。これはジャスティン・ビーバーだけでなく、幾人かの有名人が同じように日本にお悔やみのメッセージを出しているんです。

BF　事前に地震テロの情報が渡されていたわけですね。

RK　監視の目が厳しくなった結果でしょう。今やイルカやクジラが海岸に打ち揚げられると、すぐに「怪しい」と検証されます。だから長時間、海底を掘って核兵器を設置するのが難しくなって、それで人工地震の威力が落ちているのです。つまり、人工地震で核テロをやっている、そういう情報をみんなが共有すれば、核テロは世界からなくせるのです。

BF　その通りです。お互い頑張って、有益な情報を提供していきたいですね。

第6章

日本を陰から支配する北朝鮮はCIAの別働隊である

北朝鮮（朝鮮民主主義人民共和国）といえば、「拉致問題」「核開発」「ミサイル発射」「金一族による独裁政治」ばかりが報道されている。

確かに拉致問題は重要な案件であり、核開発やミサイル発射も日本の安全保障の面で無視できる問題ではない。

また、金王朝ともいうべき金日成（キム・イルソン）、金正日（キム・ジョンイル）、金正恩（キム・ジョンウン）と続く独裁体制にメディアの関心が高まるのも当然であろう。

そうしたわかりやすい「悪役」北朝鮮のイメージを植え付けることで、絶対に日本人に知られたくない「北朝鮮の実相」を隠してきたのだ。

高度な情報戦が展開されていたといっていい。

リチャード・コシミズ氏は「北朝鮮の実相」を捉えようとしてきたジャーナリストの一人である。

2006年、自費出版で世に問うた『911自作自演テロとオウム事件の真相』でオウム勢力を北朝鮮のテロ実行部隊と看破、大きな衝撃を与えた。それだけでなく北朝鮮の勢力が創価学会、統一教会といった宗教団体を通じて日本の政財界に多大な影響を与えている事実を暴き出してきた。

北朝鮮が経済大国である日本を裏から支配している。

この構図を一般の日本人は理解していない。というより、国交もなく経済力も技術力も格段に劣る国が「大国日本」を支配できるはずがない、そう考えて否定するだけであろう。

そうして無視し、北朝鮮の問題に取り組まなかった結果が「地下鉄サリン事件」へと繋がっていく。

北朝鮮の実相を捉えていけば、その先には「ユダヤ勢力」が浮かんでくる。

戦後、日本を支配したアメリカのユダヤ勢力は、その代理人として北朝鮮を選んだ。だからこそ北朝鮮の問題はとても重要なのだとリチャード・コシミズ氏は主張する。

ベンジャミン・フルフォード氏は中国共産党やロシアにある太いパイプから北朝鮮の極秘情報を発信してきた。とりわけ独自の取材でヤクザ（暴力団）を取材するなか、北朝鮮の覚醒剤ルートと資金の流れから、フルフォード氏もまた、北朝鮮の背後に「闇の支配者」の存在を見抜き、一般メディアとは違う視点で北朝鮮の動向に注目してきた。

一般メディアは北朝鮮の情報を「決められた」内容しか伝えない。正確に言えば伝えてはならないからだ。

もちろん、そんな「タブー」を恐れることのない両氏はＦＡＣＴ対談でディープな北朝鮮問題を語り尽くしている。これまでの対談から再構成してお届けしたい。

「アジアのイスラエル＝北朝鮮の真実が日本では報道されません」

リチャード・コシミズ（以下ＲＫ）　戦後の日本を知るうえで、最も重要な存在が「北朝鮮」です。この事実を知らない人があまりにも多いと思うんです。

ベンジャミン・フルフォード（以下ＢＦ）　日本のメディアは、それなりに北朝鮮を扱いますが、その大半が「拉致問題」と「核兵器開発」、そして「ミサイル発射」する異常な独裁国家というものばかりで、北朝鮮がどうして誕生したのか、何が目的で動いているのか、そこに秘められた真実には一切、触れません。

ＲＫ　これほど日本の戦後体制に深く関わっていながら、といいますか、それだけにタブーになっているんでしょう。

まず戦後の占領下でユダヤたちは、日本を奴隷国家にしようと徹底的にシステムを変えました。ユダヤの支配システムは権力中枢をユダヤというマイノリティで牛耳《ぎゅうじ》ること。それを日本でやれば、どうしても人種的に目立つ。そこで反日に凝り固まった朝鮮人を利用することにした。

構図としては、北朝鮮を金一族が支配し、その北朝鮮は韓国と軍事的に一触即発のように偽装し、東アジアの緊張状態を演出してきました。その韓国が、日本のメディア、ヤクザ、新興宗教、これは僕がさんざん述べてきたように統一教会、創価学会、さらにオウム真理教もそうですね。これらの組織を通じて、政治家に影響を及ぼすことで日本をコントロールする。その金王朝の支配者がユダヤというわけです。

もともと、自民党とは、ユダヤ権力が朝鮮人の宗教を介して政権運営してきた、外国人支配の政党だったのです。ですから、自民党の議員200人以上が統一教会に関与し、100人を超える数の統一教会派遣の秘書を抱えているわけです。自民党議員の恥部も弱点もすべて、統一教会の秘書に握られています。統一教会に反抗すれば、即刻、「秘書の給与を着服していた」と告発されて、議員辞職を余儀なくされます。実際、統一の派遣した秘書は無給で働いていますからね。

自民党議員の周囲には、日本名(通名)を持った在日や、親の代に帰化した元在日がうようよしています。「自由民主党元幹事長○○○、元私設秘書」といった胡散臭い名刺をもった、ちょっとインテリジェンスのおかしな日本語を喋る連中が、永田町を徘徊しているわけです。

BF 日本を牧場の羊にたとえるなら、韓国が牧羊犬、北朝鮮がその犬を飼う牧場の従業員で、その牧場主は、ボクはユダヤではなく「ナチスの勢力」という言い方をしています。実際、北朝鮮はブッシュ勢力の覚醒剤製造基地になってきましたから。

RK 戦後、GHQの支配体制は、韓国、北朝鮮の朝鮮系の勢力へと譲渡され、そのまま引き継がれた。GHQがなくなっても日本を支配するシステムは残ったままです。つまり、日本は未だ独立国ではないんです。その意味からも北朝鮮を知るのは、とても重要です。

BF　統一教会の話が出たので言います。これはハザールマフィアのブッシュ一派の同盟団体です。ヒトラーの遺志を継いだのがパパ・ブッシュです。

その証拠に、第二次世界大戦後、日本の秘密警察などの軍事政権の一部の残党はパラグアイに避難しました。パラグアイにはもともとヒトラーの牧場があって、今はブッシュの牧場になっているのですが、その隣には統一教会の牧場があります。アメリカの多くの新聞にも書かれているように、統一教会は麻薬密輸や武器密輸などをやっているカルト組織です。

先にも話しましたけど、これは日本のヤクザの幹部から直接、聞いた話です。韓国と北朝鮮の国境にある板門店《はんもんてん》には、韓国と北朝鮮が直接、交渉できる場所があるんですが、そこにドアがあって、そのドアを開けると純度100パーセントの覚醒剤があるそうです。そこにCIAが作ったピカピカのスーパーKを入れているわけです。

ここで見えてくるのは、北朝鮮が国債、武器、奴隷、金融、麻薬、マフィアといった国際犯罪ネットワークに組み込まれており、しかも重要な役割を担っているという点です。

当然、その親分はパパ・ブッシュでしたが、そのブッシュをやっつけようと国際的な戦いが起きているわけです。その意味でいえば、北朝鮮は「アジアのイスラエル」のようなもの。みなさんが教えられた戦後の歴史は、まったくの嘘っぱちで、本当の戦後史は実に恐るべきモノなのです。

「暗愚の宰相・安倍晋三を操っているのは北朝鮮の勢力です」

RK　もう一つ、重要なのが北朝鮮と安倍晋三の関係です。

そもそも統一教会を日本に引き入れたのが、安倍晋三のおじいさん「岸信介」、推して知るべしでしょう。岸信介は統一教会を使って権力を掌握してきたのです。

安倍晋三の祖父にあたる岸は、A級戦犯として巣鴨プリズンに拘置されていました。ともに拘束されていた児玉誉士夫と笹川良一の3人で、不可思議な釈放措置を受け、シャバに出てきました。以後、児玉と笹川は、自民党の結党にかかわり、児玉が結党資金を出したといわれています。岸を含めた3人は、韓国の「反共を標榜した」宗教、統一教会を日本に呼び込みました。以来、この3人と統一教会は不可分な関係を維持し、日本統治に暗躍してきました。その統一教会は、実は北朝鮮のスポンサーという関係にあるのです。

したがって安倍晋三が総理大臣をやっているかぎり、拉致被害者は絶対に帰ってきません。安倍晋三は北朝鮮勢力の代表者なのですから、当たり前の話です。

そろそろ日本人は、日本政府を操っているのが北朝鮮という事実を認識すべきでしょう。だから日本の警察は北朝鮮人の犯罪を追及しないのです。朝日新聞の神戸支局の襲撃事件も、そういった意味でどうせ統一教会です。統一教会がらみの殺人事件は追及されません。これは当然ですね。統一教会がこの国を支配しているわけですから、当たり前です。といって、さらっと流していいのですかね（苦笑い）。

〔解説〕**赤報隊事件**

1987年から1990年にかけて「赤報隊」を名乗る犯人が起こした連続テロ事件。メディアや政治家、財界人が狙われた。朝日新聞東京本社襲撃事件（87年1月24日）、朝日新聞阪神支局襲撃事件（87年5月3日）、朝日新聞名古屋本社社員寮襲撃事件（87年9月24日）、朝日新聞静岡支局爆破未遂事件（88年3月11日）、中曽根・竹下両元首相脅迫事件（88年3月11日）、江副浩正元リクルート会長宅銃撃事件（88年8月10日）、愛知韓国人会館放火事件（90年5月17日）など、連続テロに日本中が震撼した。現在も犯人特定・逮捕には至っておらず、未解決事件となっている。

RK　この赤報隊事件で朝日新聞がターゲットにされたのは、慰安婦問題で朝日が「吉田証言はでっち上げで北朝鮮の反日プロパガンダ」と方向転換しようとしたこともあるでしょうが、赤報隊の背景はバブル利権です。ヤクザ、この場合、在日ヤクザでしょうが、土地売買に絡んだヤクザの活動を朝日が報じようとしてテロに遭った。

BF　そのヤクザのために赤報隊という実行部隊を動かしたのがいったい、誰なのか。そこで浮かんでくるのがCIAです。

興味深い「事実」があります。2005年に「ザ・キャピトルホテル東急」でブッシュの支持基盤であるネオコン派の政治家、知識人が集まるワシントンの政策研究所である「アメリカ・エンタープライズ・インスティテュート」が主催したシンポジウムがあったんですね。テーマは日本と中国をどのようにして戦争に突入させるか……。ね、すごいでしょ。こんな内容のシンポジウムを日本でやっちゃうんですから。

RK　ザ・キャピトルホテル東急は国会議事堂のすぐ隣です（笑い）。売国奴政治家が集まるのに都合がよかったのでしょう。

BF　その通りでして、参加者はアメリカ・エンタープライズ所長のクリストファー・デムス、次期総理の安倍晋三、民主党元代表の前原誠司、それから役人さん、霞が関の高級官僚です。テーマは、「有事、戦争にどう対処するかではなく、中国と日本をどのようにして戦争に持っていくか」というものでした。

もうおわかりでしょう。その流れが今の安倍晋三政権を作っているんです。

RK　どんな計画だったのでしょうか？

BF　基本的な計画は、「今後2年前後に、日本海側の都市に米軍のミサイルを着弾させ、死傷者を出させ、それが北朝鮮からのものであるとマスコミ報道を行い、一気に日本国内の世論を戦争賛成、治安維持体制に持っていく。また、京都、大阪付近で新幹線の爆破テロを起こし、世論を戒厳令体制、戦争賛成方向に誘導する。ただし、テロは米軍と自衛隊の共同作戦で実行し、イスラム原理主義者または北朝鮮が実行したテロだと報道する」というものです。

RK　なるほど、それが北朝鮮のミサイル発射騒動（2009年2月4日）なのですね。あのとき、日本のマスコミは「飛翔体」と、妙に阿《おもね》った言い回しをしていましたが、あれがアメリカのミサイルと知っていたのでしょう。事実、この騒動以後、日本は北の核ミサイルに狙われている、もっと防衛予算を増額しようという流れが生まれました。

〔解説〕**北朝鮮のミサイル騒動**

2009年4月5日11時30分に北朝鮮が人工衛星打ち上げ用ロケットの「銀河2号」を発射した、事実上の弾道ミサイルの発射実験とされる。韓国は「発射体は試験通信衛星」と声明、ミサイルではなく人工衛星打ち上げ用ロケットとしたが、日本政府はなぜか「飛翔体」と発表、国内のメディアもこぞって政府発表に倣った。だが、国連やその他の国では一貫して「ロケット」との表記が主流であった。

RK　ここで知ってもらいたいのは、アメリカ勢力と北朝鮮の関係です。アメリカと北朝鮮は敵対しているように見えますけど、実は水面下でしっかりと手を握っています。こういったインチキテロを実行するにしても、北朝鮮の協力が必要なわけです。「俺たちがやりました」と言ってもらわなくては困るわけですね。

「CIA情報によれば金正恩暗殺クーデターがあったようです」

RK　そういった意味で、いま現在、既に北朝鮮勢力とアメリカの裏社会はしっかりつながって、日本で行動しています。その象徴がエセ右翼という連中です。街宣車に乗って大騒ぎしている連中ですね。エセ右翼の構成員は元左翼過激派、部落系左翼過激派、在日朝鮮人、オウム残党、統一教会員ですが、「北朝鮮と統一教会の関係」に一切触れない、統一教会に対して霊感商法のことしか批判しないので、「インチキ右翼」であるとバレます。

あと統一教会もイコール「CIA」と考えるべきでしょう。

そのCIAの影響下にある統一教会が北朝鮮に肩入れしています。3000人も4000人も要員を送り込み、車やビルを作っています。ちなみに2018年、韓国で開催される平昌《ピョンチャン》の冬季五輪は統一教会が主催しているようなものです。

BF　え、そうなんですか？

RK　はい。もともと平昌には統一教会がスキー場や土地を持っていて、それでオリンピックを招致したんです。やはり冬のオリンピックを開催したソルトレイクがモルモン教の都市のようなものです。ところが統一教会の金が尽きて、全然建設が進まないので、韓国の冬季オリンピックは、もしかしたら日本でやるかもしれないということですが、ちょっとお断りですね。何かと日本と共催しようと世論を作っているのも、そうした背景があるわけです。

BF　統一教会に金がなくなったのは、ブッシュ勢力が潰されてドラッグや違法な取引が極度に減っているからでしょう。

RK　そんな話もありますから、やっぱり金がなくなり、いろいろなところで悪影響を及ぼしています。そこへロシアが付け込んで、プーチンが北朝鮮に接近しているのは面白い。そうなると、日本のエセ右翼は完全に孤立し、シャブ（覚醒剤）も売れなくなるということで、日本にとっては悪いことではないと思います。

BF　北朝鮮をどうやってソフトランディングさせるか、というのは国際社会で大きなテーマとなっているのは間違いないでしょう。なんとかしてブッシュのナチス勢力から切り離して、正常化させようという動きですね。

いいニュースとしては金正恩《キムジョンウン》も、それに同調するようになっていること。2013年12月、金正恩体制における実質的なナンバー2だった張成沢《チャンソンテク》が処刑されました。

RK 張成沢は金日成《キムイルソン》の娘で金正日《キムジョンイル》の実妹にあたる金敬姫《キムギョンヒ》と結婚して金正日の側近を長らく務めて、金正恩の後見人にもなっていました。

〔解説〕**張成沢処刑事件**

張成沢は北朝鮮の政治家。北朝鮮の初代最高指導者金日成の娘で、金正日の実妹にあたる金敬姫を妻とし、金正日の側近を務めた。金正日の死後は、甥である金正恩の後見人的存在として、国防委員会副委員長、朝鮮労働党中央委員会政治局員、朝鮮労働党中央軍事委員会委員、朝鮮労働党中央委員会行政部長などの要職を務め、朝鮮人民軍においては大将の軍事称号を保有するなど、党・国家・軍の機構に影響力を行使する立場にあり、金正恩体制における実質的なナンバー2とみられていた。しかし、2013年12月に粛清され、朝鮮労働党から除名され全ての役職と称号を失い、同月12日に「国家転覆陰謀行為」により死刑判決を受け、即日処刑された。

BF ええ。で、この張成沢を含む2万人が粛清《パージ》されましたが、それがすべて外務関連の役人たちで、中国の息がかかったネットワークだったのです。これは金正恩を引きずり下ろすクーデターがあって、そこで金正恩を助けたのは、どうもＣＩＡ、正確にはペンタゴン、国防総省に近いＣＩＡで、ブッシュの国務省ラインとは違うＣＩＡですね。

わかりやすく米軍と言いましょう。そのラインからボクのところに情報が入ってきた。そこで聞いた話によれば、アメリカが狙っているのは、北朝鮮がさらに中国の属国になったら困るので南北朝鮮を統一させたいということと、その後、日本と連動させて韓国、北朝鮮、日本軍を対中軍事基地として立ち上げる計画を持っているということです。その一環として安倍も動いている、と。ボクは南北朝鮮統一については賛成ですけれども、変な軍事戦略や衝突を起こすことは絶対に反対ですが……。この計画に国務省が反発して、国務省ラインのＣＩＡが、またぞろと日本国内で動いているそうです。

RK　こういった動きをロシアのプーチン大統領はしっかりと読んでいるようです。

実際、ロシアの対独戦勝70周年の式典に北朝鮮の「3代目の息子」、金正恩を招待しています。これは、ようするにロシアが事実上、北朝鮮を傘下に置いて、ロシアが北朝鮮をコントロールしているということを内外に示したわけです。アメリカ――ベンジャミンさんの言い方を借りれば、国務省ラインのナチス勢力となりますが――これまで統一教会を使って北朝鮮を何とか操縦して、戦争に持っていこうとしているのをプーチンは全部読み切っており、「そうはさせない、北朝鮮は私がコントロールする」とはっきり言っているのだと僕は理解しています。
そうしますと、北朝鮮はロシアの手によって戦争に手を出すことができなくなりますし、アメリカもロシアによって北朝鮮を使って極東で戦争を起こすことができなくなります。ユダヤの連中は頭を抱えていることでしょう。

BF　そのためか、プーチンが暗殺されたという情報が流れています。2015年3月上旬から1週間ほど、プーチンがロシア・メディアにまるで出てこなかった。少なくともプーチンには耳の形などから3人の影武者が確認されていますが、そのうちの一人が消えたのは間違いありません。

RK　ロシアが北朝鮮にアプローチしてアメリカ、つまりユダヤに手を出させない、関係を断ち切って北朝鮮を道具に使えないようにしてきた。そういった方向に持っていってくれたプーチンさんに僕はとても感謝しています。そのプーチンさんの動向が分からなかったというのは心配です。

「〝オウム＝北朝鮮＝ＣＩＡ〟の秘密の構図を教えましょう」

RK　僕が執拗なまでに「北朝鮮の闇」を取り上げるのは、本当に日本に対して酷いことをしてきたからです。その一つがオウム真理教の「地下鉄サリン事件」です。
もともと北朝鮮はユダヤ金融勢力が日本を奴隷にして支配するための道具として作った国家です。

日本の金を奪うだけでなく、北朝鮮を使って日本と中国に戦争をさせて、極東アジア全体を戦火にたたき込み、ぼろ儲けまで画策するようになった。

BF　米ソ冷戦という「ヤラセ」が終わるために、1990年以降、なんとか戦争を続けたいブッシュ一族の謀略ですね。

RK　その通りです。その下準備に作ったのがオウム真理教なんです。オウムは僕から言わせれば、統一教会の別働隊です。統一教会が自分たちの名前が表に出てしまっては都合が悪いことをオウムにやらせていた。もちろん、創価学会も人を送り込んでいました。その目的は何かというと、東京を含む日本全国でテロを起こして、在日米軍の基地を叩き、日本の政治経済の中枢を潰すことです。そうしておけば朝鮮半島で勃発した戦争で日本は対応力を失います。在日米軍も朝鮮半島有事で韓国軍を助けたり、北朝鮮軍を押し返したりできないように、国内テロを仕込むという役割をオウムは果たそうとしていたわけです。

サリンについて言えば、あれはオウム幹部による犯行ではありません。北朝鮮のテロ部隊による犯行なのです。

その証拠に、地下鉄サリン事件で使用されたサリンは「二液混合方式」といって、別々の袋に詰めたサリン一歩手前の物質とアルコールの一種を反応させてサリンを作るタイプなのですが、例のサティアンでオウム真理教教団が実験レベルで製造していたのは「一液型」のサリンなのです。「一液式」は爆弾にしてミサイルで発射するような使い方をします。だから「一液型」のサリンでテロをやれば、当たり前ですが犯行者自身、確実に死亡します。ですが実行犯は死んでいませんよね。ようするにオウム単独では地下鉄サリン事件を起こせない。私は北朝鮮の特殊部隊がやったと考えています。

つまり、「オウム」＝「北朝鮮」＝「CIA」という構図が分かります。これも「偽旗作戦」であって、CIAがわざわざ朝鮮半島で戦争を起こすことによって、中国を戦争に引っ張り込んで極東に大きな戦争を引き起こそうとしたのです。まあ、この計画も途中で何もかもバレてしまい、失敗して諦めるわけですが……。

〔解説〕**偽旗作戦**

あたかも他の存在によって実施されているように見せかける、国家あるいはその他の組織が行う秘密作戦。敵になりすまして行動し、結果を敵になすりつける行為。自国以外の国旗、偽の国旗を掲げて敵方を欺くという軍の構想に由来する。偽旗作戦は戦争や紛争・内戦に限定されたものではなく、平時にも使用される。

BF　オウム事件（1995年）が起きた当時、ボクも現場の記者だったので、今でもいろいろと覚えています。あとでデータベースから消されたけど、時事通信が配信した全国記事に、こんな内容のモノがあった。

オウム真理教のテロ事件の当日、日本各地に北朝鮮から来た変な液体を運んだ気球が着陸したというのです。たしかに、そういう記事があったのに、なぜか、削除された。

で、あるとき、ボクの講演会に女性が来たのですが、話をあれこれしているうちに、何かおかしい。どうも「スパイ」臭いので取材することにしました。すると彼女は、「オウム真理教の性の奴隷をやっていた」と言うのです。彼女いわく、オウム真理教の上層部には北朝鮮系のヤクザがおり、さらに上には、彼女の言葉を借りれば、「アルカイダ風のユダヤ人」が居たというのです。そうはっきりと証言していました。

このナチス勢力は、宗教団体を使って大量虐殺の自作自演テロをするんです。たとえば「ハリケーン・カトリーナ」。これも自然災害を理由にアメリカ人を強制収容所に入れられるかどうかという実験だったと思います。カトリーナの災害は、気象兵器です。それで白人様は自慢のSUVでとっとと避難して、残されたのは黒人など貧しい人たちばかり。その後、そうした人たちは避難キャンプという名の「強制収容所」に入れられたのです。

ですからオウム真理教の地下鉄サリン事件は、もっと大きな事件を起こす予備演習だった、ボクはそういうふうに考えています。しかし、うまくいかず、彼らが思うような結果は得られなかったとも聞いているのです。

〔解説〕ハリケーン・カトリーナ

2005年8月末にアメリカ南東部を襲った観測史上最大級のハリケーン。カリブ海沿岸、米南部を中心に被害があり、直接死者453～1335名、間接死者335名を出した。ニューオーリンズでは複数個所で堤防が決壊し、市内の面積の8割が水没した。

RK　結局、予行演習だけで終わり、本番はできなかったということですね。

さっきプーチンの話をしましたが、プーチンの前のエリツィン大統領、その時代は何があったかというと、オウム真理教がロシアに進出して、4万人からの信者をあっと言う間に集めて、露日大学まで作って、わけの分からない変な宗教を始めたということがありました。よく話を聞いてみると、オウムが行く前に、統一教会が活動していたのです。統一教会の連中が、いつの間にか衣替えして、オウム真理教になったということです。

さらに後日談があって、オウム真理教は、例の地下鉄サリン事件でもって糾弾されて、ロシアのオウムも解体したんですよね。4万人が散り散りになって、解体したことになっているのです。ところが、残党が5カ所、6カ所に拠点を設けていました。その拠点はどこかというと、旧ハザールの領内です。つまり、ロシアのオウムとは、ロシアのユダヤ人の隠れ組織だったというのが僕の分析です。こういう分析を世界で初めてしたのは、私、リチャード・コシミズではないかなと思います（笑い）。

BF　ボクもブッシュのナチス勢力、ドラッグや武器密輸、人身売買といった犯罪ネットワークの勢力をハザールマフィアと呼んでいます。ここが歴史上、根拠地になっているからです。ただ、ハザールマフィアという名称は、なかなか読者に理解されにくいようで、ちゃんと書籍などで説明すると理解してもらえますが、初めて聞くと難しいですね。

「米国の最友好国は北朝鮮だ、この事実を理解してください」

RK　オウム真理教は、第7サティアンでサリンを製造したことになっているのですが、ああいうボロボロの設備でサリンを造ったのでは、地元の上九一色《かみくいしき》村の村民の70％が死亡していたはずです。そんな危険なもの、造れるわけがないのです。では、あそこで何を造っていたかというと、当初は覚醒剤を造っていました。ところが、覚醒剤の製造は生成の段階で、豚小屋みたいな、とても嫌な悪臭がするのです。それが問題になって、上九一色村の住民が文句を言いだした。それでオウム真理教は生産を中止して、その代わりに北朝鮮から輸入を始めました。何でそんなにすんなりとした輸入ルートがあったかというと、オウム真理教自体が在日組織であったということですね。そもそも第7サティアンのプラントの建設現場に落っこちていた高級缶詰を見たら、なんと、北朝鮮製でした。本国は食糧難なのに、オウムに貴重な缶詰を送っていたわけです。捜査した警察だって、あれが北朝鮮と分かっていて、一切、口をつぐんだのです。

つまり、世界最終戦争に向けて、北朝鮮勢力や、ワシントンやニューヨークの金融ユダヤ人など、そういった連中が集まって、オウム真理教というものを作り上げたのに、ですよ。もちろん、統一教会が関わっています。統一教会がベースになってできたのがオウム真理教であって、彼らが何をしようとしていたかというと、日本国内で騒乱を起こそうとしていました。変なロシア製のヘリコプターまで買っていましたし。

BF　それで面白かったのは、オウム事件が表に出たときに、CIAの関係者に、どのくらい情報をつかんでいたんだということを聞いたわけです。CIAの高官は何も知らなかったと言うのですよ。オウム真理教はCIAですよね。何を言っているのだということです。

あと、地下鉄サリン事件が起きた日に北朝鮮から気球がいっぱい日本に上陸したと言いましたが、サリン攻撃の日は、昔、日本が朝鮮王朝の女王を暗殺（閔妃《みんひ》事件）した記念日なのです。日本の植民地とした記念日に起きたのです。

RK　ようするにユダヤ権力の奥の奥は、北朝鮮勢力と癒着しているというところに触れないと、どんな秘密も理解できないのです。アメリカ合衆国と最も親しい関係にある同盟国は北朝鮮であるというところが理解できないと、この世の中の構造は全く分からないのです。

それほどオウム真理教についての理解が浅すぎるのです。何がマインドコントロールだ、バカなことを言っているんじゃないよ！　ずっとそう思っていますね。もう少し深く物事を見て、ＣＩＡというものが何を企んでいて、その背後には誰が居て、最終的に何をしようとしているのか。最終戦争ですよ！　そして、オウム真理教によるオウム事件は失敗しました。その後、われわれが全部ばらしてしまいましたから、もうできません。

彼らが何をしようとしたかというと、日本国内の在日米軍の基地をぶったたいて、通信網をぶち壊して、日本国内で米軍が通信できないようにしようとしました。そのために、例えば、米軍基地の食堂で働いている創価学会の信者たちが米兵に毒を盛って、食中毒を起こします。それだけで空母の乗組員は出動できないし、飛行機も飛ばないわけです。そういう中で、朝鮮半島で北朝鮮軍が南に攻めていきます。そういう状況でなければ、北朝鮮は朝鮮半島を軍事的に占領できないわけです。

そこまで考えてやろうとしたのが、オウム真理教の事件であったということですが、その真相を読んでいる人がどのぐらい居たのでしょうか。十何年前にそのことが分かっていたのは、おそらく僕と僕の周辺の数十人だけであっただろうと思いますが、今、それが分かっている人がたくさん居るのは、非常に心強いです。だから、彼らにはもうできません。分かっている人間が居るから、やりたくてもできないのです。

ただし、もう一回、誰かがやるとしたら、それは幸福の何とかしかないと思っています。ただ、幸福の何とかも、実際には統一教会の人間が内部に入り込んで支配力を強めていると思いますが、今のところ見るかぎり、軍事力が全然ないと思います。おまけに変な学校を作って、自民党と喧嘩して、私塾になってしまいましたしね。そういった意味で、権力中枢とあまりうまくいっていない関係もあるように思っています。従って、オウムの再来は、当面、ないと考えています。

BF　幸福の何とかについては、面白い話があります。「ザ・リバティ」という超保守系のネットメディアをやっているんですね、幸福の何とかは。そしてザ・リバティを通じて嫌韓サイトのスポンサーになっている。最近、急に嫌韓サイト、韓国や中国の悪口を言うサイトが増えたのは、幸福の何とかがバックにいるのです。それで日本人の反中意識を高めて、戦争へと向かわせようとしている。直接テロをやるんじゃなくて、そういうネット工作の機関として機能しているんだと思います。

「この日本に朝鮮人脈を君臨させた政治家はあの人です」

RK　何度でも繰り返して言いたいのですが、北朝鮮の宗主国はアメリカであるという、明確なる事実を証明することが、実際に起きています。それは何かというと、北朝鮮のエリート集団のテクノクラート1000人が欧米に留学していることと、北朝鮮の官僚1000人がアメリカで教育を受けていることです。これはなぜ報道されないのでしょうか。敵国を偽装しているだけであって、北朝鮮はユダヤ米国の手駒でしかないということなのです。こんなニュース、絶対に読売は書きません。ましてや産経新聞は、です。

BF　ボクは北朝鮮でもハザールマフィアに忠実な人たちのパージ、粛清があったというふうに理解しているのですよね。2万人ぐらいですか。ナンバー2の張成沢も射殺されました。金正恩は偽名でスイスへ留学していて、仲良くしようとアプローチをかけられていたそうです。ロスチャイルドがそう言ってました。

　これは水面下で議論されていることですが、日本の皇室はもともと朝鮮系で、南北朝鮮の統一と、日本と朝鮮半島の連携を強めたい人たちが、皇室の中に居るのです。それは変な謀略ではなくて、皆で仲良くするという意味です。変な冷戦や近所の悪役をやめて、脅しやミサイル飛ばしなどをやめて、普通の付き合いをしようという動きが、今は主流だと思います。

　それを裏付ける情報として、以前、中国のスパイといわれる人と会ったのですが、北朝鮮はアメリカの植民地だという認識を持っていたのでビックリしました。

　また、アメリカの在中国大使が公言したことがあったのですが、仮に北朝鮮が存在しなければ、同じような国家を作る必要があったという発言をしたことがあるのです。

RK　最後にもう一度、繰り返します。ＣＩＡとユダヤの要請で統一教会を日本に招き入れたのは岸信介です。

両者の関係を説明しましょう。

統一教会の文鮮明は、アメリカで当時のＣＩＡ長官に会った後、デイビッド・ロックフェラーにも会っているのです。そこで文鮮明は、あるミッションを受け入れます。それが東西冷戦の対立を東側（アジア）において拡大する役割です。こうして文鮮明はユダヤ権力の極東代理人（極東エージェント）となり、北朝鮮の調教役になったのです。

ＣＩＡと繋がったことで統一教会は笹川良一、児玉誉士夫、岸信介の３人と共犯関係になります。この３人はいずれもＡ級戦犯でしたが、東條英機が処刑された翌日、ＧＨＱの命令で巣鴨プリズンから釈放されています。そして１９６８年、「勝共連合」を結成しました。これでユダヤ金融資本による日本支配の構造が確立し、日本に朝鮮人脈が君臨する構図となったのです。

まあ、だから、祖父の岸信介が統一教会本部で文鮮明とにこやかに握手していますし、その孫の安倍晋三が統一教会に祝電を贈るのも当たり前といえば当たり前なのです。こうした証拠はネットにもアップされています。

何より重要なのが満州の旧日本軍の残党を北朝鮮に送り込んで北朝鮮に「大日本帝国」の最も濃

いエキスを残そうとしたのが岸信介という点です。

〔解説〕**勝共連合**

反共主義の政治団体。正式名称は国際勝共連合（International Federation for Victory over Communism 共産主義に勝利するための国際連盟）。共産主義思想の誤りを啓蒙し、その打倒を目指すと標榜する。統一教会の教祖・文鮮明が1968年1月に韓国で、同年4月、日本で創設した。自由民主党の有力な支持団体であり、会員を国会議員や公設・私設の議員秘書として送り込み、こうした支援する議員は「勝共推進議員」と呼ばれている。

BF　確かに北朝鮮は、戦前の日本にそっくりです。

RK　だから岸たちは北朝鮮こそ宗主国、本家であると考えているわけです。そうして日本は北朝鮮という本家の分家として、せっせと貢いでいた。それが、今の総理大臣、安倍晋三が最も尊敬するといってはばからない「祖父」なのです。この構図を一人でも多くの人が理解しなくてはいけない。みんなが知れば、北朝鮮がらみで危ない事件は減っていきます。これは断言してもいい。北朝鮮の問題を解決したいのならば、北朝鮮を誰が、何の目的で作ったのか、それを知ることだと覚えておいてほしいですね。

第7章
世界に頻発する「やらせ」と「捏造テロ」の実態を全部、話す！

――人は信じたいものを信じやすい。

ナチスの宣伝相だったヨーゼフ・ゲッベルスは言う。

「大きな嘘ほど人は信じやすい」「嘘を繰り返せば最後には必ず信じてしまう」

この特性をさんざん、悪用してきたのが、いわゆる「闇の支配者」たちであろう。

メディアを支配するユダヤ勢力は、一流とされる大手メディアを使って自分たちの都合のいい方向に世論を誘導してきた。

その典型的な手法が捏造テロだ。

ある特定勢力が酷いテロ事件を起こしたといって戦争を仕掛ける。

あるいは人権をないがしろにする法案を通すわけだ。

実際、何十人が死亡したというショッキングな事件があれば、その悲惨な映像で人は簡単に思考を停止する。

そこに「こんな酷い事件を引き起こした犯人たちを許すな！」と煽られれば当然のように同調してしまう。

何より、まさか、その事件が嘘とでっち上げなどと考えたりはしない。

この「まさか」で騙されてしまうのだ。

だからこそ「騙されず」真実を見抜こうとするジャーナリストの存在は貴重となる。

それがベンジャミン・フルフォード氏とリチャード・コシミズ氏だ。

ベンジャミン・フルフォード氏はアメリカが使う情報戦のすさまじさを、徹底した現場取材によって、やらせと捏造を暴き出してきた。

リチャード・コシミズ氏は徹底した調査から情報を精査、整合性を確かめながら矛盾点を鋭く浮き彫りにする。両氏がともに「真実」に目覚めたのが「9・11の捏造テロ」だったのは偶然ではあるまい。

あの事件では、誰もが最初、何かおかしい……と感じていたはずだ。しかし、一流メディアが「事実」として報道する過程で、いつの間にか、その疑惑はかき消されてしまう。

そこで踏みとどまり、真実を見抜き、それを伝えることは、それほど簡単ではない。

「陰謀論に毒された頭のおかしい人」という扱いを受け、ジャーナリストとして立ちゆかなくなる。

それでも「真実」を主張する努力を怠らなかったからこそ両氏の今の評価があるのだ。

FACT対談では、そんな両氏が世界中で起こった「やらせ」「捏造テロ」をあますことなく語っている。

誰もが知っている事件にどれほど捏造があったのか、対談内容を再構成して紹介していこう。

「米国務省の心理作戦サイオプスで洗脳されているのです」

リチャード・コシミズ（以下ＲＫ） 世界の「真実」を知る、そのいちばん簡単で確実な方法は「報道を信じない」こと。大手メディア、とくにユダヤ資本に押さえられた欧米メディア、それに尻尾をふる日本の大手メディアが発する情報は、基本的に「嘘」であり、都合の悪い情報は絶対に報道していない、そう理解することです。本当にビックリするぐらい嘘を垂れ流していますからね。

ベンジャミン・フルフォード（以下ＢＦ） 嘘とでっち上げ、あとはプロパガンダです。専門用語で「サイオプス」といいます。「サイコロジカル・オペレーション」の略です。本来は米軍の心理作戦、情報戦という意味でしたが、今ではアメリカの国務省がシステムを牛耳《ぎゅうじ》り、洗脳機関として利用しています。

ＲＫ 大手メディアはどうせ嘘をついている、都合のよい情報しか報じないと理解しておけば、振り込め詐欺と一緒で騙《だま》されません。振り込め詐欺、昔はオレオレ詐欺と呼んでいましたが、電話で「オレ、オレ」といっても、それが詐欺と知っていれば、「あんたは誰だ？」と聞き返せて詐欺に遭うことはないでしょ。それと同じで、大手メディアの情報は、必ず自分の目と頭でフィルターをかけて整理する必要があります。

BF　ボクもかつては欧米のマスコミは自由であると信じて、外国特派員協会で「9・11はアメリカの自作自演」だという記者会見を行いました。いろいろな証拠映像を示して、科学的に説明して、これは航空機によるものではないということをやりました。

RK　素晴らしい！

BF　いろんな大手のマスコミが取材に来ていましたが、どこも報道しませんでした。そのときに、やはり欧米のマスコミも自由ではないな、と確信しましたね。

ようするに、欧米の大手マスコミの中にはだいたい3種類あることがわかりました。

一つ目は、最初から工作員でありながら記者のふりをしている、プロパガンダ・エージェントです。二つ目は、完全に洗脳されていて言われたことを全部信じていて、それに入らない情報は却下する、という人たちです。三つ目は、真実を知ってはいるものの自分のポストや良い仕事を失いたくないから、良心は痛むけれど見て見ないふりをするという人たちです。会社の組織の中で安定した給料や生活がある。真実を書くには蚊帳《かや》の外のフリージャーナリストにならざるを得ない。殺されてしまうかもしれないという危険もある。だから皆、そのまま従うという、かなりの隠れ恐怖の独裁的な仕組みという状況なのです。

RK　それは日本の大手新聞の記者も同じでしょうね。ただ、自慢話のようで嫌ですが、こうして私たちが堂々と、こういう話をして、本を出して、それが読者に認められていった結果、だんだん、二番目の洗脳された人が気づいて、その人たちは三番目へと移り、その三番目の人も仲間が増えたことで、少しずつ、勇気を出して真実を話すようになっています。

さっきのベンジャミンさんが外国特派員協会で「9・11の真実」を会見したとき、多くの記者は一番目、二番目だったのでしょうが、三番目の人には、すごく勇気を与えたと思います。ベンジャミンさんは『フォーブス』のアジア太平洋支局長という肩書きで、さらに日本でも多くの数の自著があります。真実を話してもやっていけることを自らの力で体現しているわけですから。

BF　ありがとうございます。アメリカ、正確には国務省を中心としたワシントンDCですが、いろんな「やらせ事件」をでっち上げてきましたけど、だんだんと世の中を騙せなくなっています。

BF　有名なのはサンディフック小学校銃乱射事件です。アダム・ランザという20歳の青年が小学校に侵入して児童20人を含む26人を射殺、犯人は自殺したという事件で、アメリカでは大々的に報道されました。ところが、FBIのホームページを見ると、乱射事件で20数名が殺されたはずの現場に、殺人事件の統計では被害者は1人も居なかったのです。ようするに、役者を使ってやらせ事件をいろいろな所でやっているということなのです。

RK　クライシス・アクターですね。クライシス・アクターとは、本物の犯罪者を集めて殺人事件をでっち上げたり、役者を使って被害者を演じさせたりする、いわば「劇団員」です。そのサンディフック小学校事件では、被害者として泣き叫んでいた女性が、ボストン・マラソン爆破事件でも被害者役で出演した「人気女優」ということが分かっています。

「ノースウッズ作戦の八百長テロが今でも頻発しています」

BF　最近でいちばん酷かったのがマレーシア航空機の〝撃墜〟事件でしょう。あれは「オペレーション・ノースウッズ」といって、ジョン・F・ケネディ時代にキューバのカストロ政権を転覆させるために秘密裏に計画した偽装謀略工作です。当時はケネディ大統領によって潰されましたが、そんな過去の遺物を引っ張り出して、実行したんです。

〔解説〕**マレーシア航空機撃墜事件**

2014年7月17日にオランダ・スキポール空港からマレーシア・クアラルンプール空港に向かっていた定期旅客便マレーシア航空17便ボーイング777型機が巡航飛行中に対空ミサイルで撃墜され、ウクライナ国内に墜落した航空事故。乗員乗客298名全員が死亡、撃墜による航空事故では史上最悪の死者数を出したとされる。

〔解説〕**ノースウッズ作戦**

1962年にアメリカ政府が秘密裏に計画したキューバ・カストロ政権転覆の偽装工作。テロリストによると見せかけた攻撃を米国内で起こすことによって、米国民の対キューバ感情を悪化させ、内外の世論をキューバ攻撃容認へと向かわせることを目的としていた。同作戦はアメリカ統合参謀本部によって起案され、当時のレムニッツァー国防長官が署名した。機密作戦文書には「(偽の)共産主義者によるテロをフロリダやワシントンなどの都市で起こし、一般市民を巻き込む」と記されていた。

BF　この撃墜事件は、即座に「やらせ」と直感したので、あれこれ調べてみました。すると事件の数年前にイスラエルの企業がマレーシア航空の中古旅客機を買っていたという事実が分かりました。MH370便は、確かにディエゴガルシア島のアメリカの軍事基地に行っているのです。MH370便の乗客に電話をかけたら、その島で携帯電話が鳴って、飛行機に乗っていた人物が応答したという話もあります。

その後、ボクが手に入れたNSAの内部告発やCIAの要員からの情報を総合すると、MH370便機はディエゴガルシア島からイスラエルに行って、さらにイスラエルからアメリカ・フロリダ州に行っています。フロリダ州はブッシュの実弟のジェブ・ブッシュが仕切る麻薬マフィアの大きな基地があります。南米のコカインやドラッグをやっている連中のアジトなのです。そこで原子爆弾を搭載されて、47人の国家指導者が集まってオランダで行われていた「核セキュリティ・サミット」の空域に近寄らせて、「あなたたちを爆破します」と脅しに行ったのですが、オランダの迎撃機に止められて着陸させられたのです。

最後に、便の名前をMH370便からMH17便に変えて、ウクライナ上空で空中爆破してロシアとの戦争を何とか起こそうとしたけれども、その計画もうまくいきませんでした。

しかも、事故現場で見つかった遺体は腐乱していて、事故前に既に死んでいたという情報も出ています。とんでもないことをやっているけれども、思うようにいかないのです。

「人質ジャーナリスト斬首映像はリタ・カッツ女史の作品です」

RK　僕はMH370便の事件とMH17便の事件は、もう少し違う見方があるのではないかと思っています。

MH17便が飛んでいた同じ空域に、たった1時間前にプーチン大統領の専用機が飛んでいたそうです。その機体は遠目に見ると、色も同じブルーで、非常に似ていたようです。当時、既にウクライナ政権は金融ユダヤ人の支配下にありましたので、ウクライナの空軍がわざとプーチン大統領の搭乗機を落とそうとして、誤ってMH17便を撃墜してしまったという説もあるのです。

もしこちらの説のほうが真実だとしたら、プーチンを暗殺して第三次世界大戦を起こそうとしたけれども、見事に失敗したということになります。中国に対してもロシアに対しても第三次世界大戦を仕掛けて、両方とも失敗したということです。中国やロシアもそのあたりの裏事情を知っていれば、うちのトップを殺そうとして、ふざけたことをするなというように、もうアメリカなど相手にするはずもありません。

その結果、急にロシアと中国が接近して、BRICs《ブリックス》が自前の銀行を創設するなどと、どんどんインドやトルコなどを仲間に取り込んでいって、アメリカを完全に排除する姿勢を見せだしました。この二つの事件の直後から、中国もロシアもはっきりとアメリカを置いていくというスタンスを決めて動きだしたのです。

僕は、第三次世界大戦誘発作戦の失敗が転じて、人類は新たな世界づくりに動きだしたのだと思っています。それを強く主導しているのがプーチンや習近平です。そして、ベンジャミン・フルフォードやリチャード・コシミズもそうです。新しい世界をつくって、ごく一握りの人が全てを支配して富を独占するような社会を排除しよう、そういう力が結集しつつあります。お金だって別にたくさんなくても、食べていける分だけあればよいのです。何よりも、誰かに騙されない世界、平等な世界を今、たくさんの人々が求めるようになっています。

BF　世界は末期症状だと考えていいと思います。末期だから、本当に底の浅い、バレバレの「やらせ」や「捏造」をやっている、というか、やらざる得なくなっているのでしょう。

BF　そういえば、2015年2月に、台湾で旅客機が墜落したというニュースがありました。あれは中国人が、おまえたちがそういう茶番劇をやるなら、俺たちもやるぞ、という、全くの作り話なのですよ。証拠として映像を見せますね。ニュースで流された旅客機事故はCG、コンピューター・グラフィックです。電信柱を見てください。これはCGの失敗なのです。ニュースでは生存者は旅客機から川（基隆河）に墜ちたとしているわけですが、救出されたとされる人たちは、髪の毛がまるで濡れていないですよね。これは半分いたずら気分で、バレバレなものを演出して、おまえたちがやるなら、俺たちもやるぞという宣言なのだと思います。

〔解説〕トランスアジア航空235便墜落事故
2015年2月4日10時56分（台湾標準時）に台湾北部の台北松山空港発、金門島の金門空港行きのトランスアジア航空（復興航空）235便（GE235便）のエンジンが離陸直後に故障したことが原因で、台北市南港区と新北市汐止区の境界をなす基隆河に墜落した事故。事故を回避しようとする衝撃的な飛行映像で世間を驚かせた。

BF　日本で大騒ぎになった「ジハーディ・ジョン」の日本人の首切り映像でも、影の形が違うなど、映像がいかにも不自然だと指摘されました。こういうでっち上げのニュースビデオを作っているのは、元モサドの「リタ・カッツ」という女性です。この人物が、ビン・ラディンの時代から、ずっと作っているわけです。実際は、オサマ・ビン・ラディンは２００１年に腎臓病で死亡しました。

RK　２００１年、９・１１のあった時点で、透析が必要な腎臓病の末期だったんですよね。腎臓病の末期患者は、どんなに長くても5年はもちません。

BF　そう。２００１年以前のビン・ラディンの顔を見ると、その後に出たビデオとは明らかに違う人物です。これはリタ・カッツ製ですね。ペンタゴン筋によると、彼女がナチス派専属の映像クリエイターというわけです。

〔解説〕ビデオ制作者リタ・カッツ

米国ワシントンＤＣに拠点を置く、国際テロリストの活動を監視する非営利の調査機関「サイト・インテリジェンス・グループ（ＳＩＴＥ）」の共同創立者であり、エグゼクティブディレクター。１９６３年にイラクに生まれた。父親は在イラクのユダヤ人実業家で、１９６７年の第三次戦争でイスラエルのためのスパイ活動で逮捕された後に絞首刑に処された。イスラエル・テルアビブ大学に進学してアラビア語とヘブライ語が堪能であり、現在は各国政府の対テロ活動コンサルタントも務めている。ＳＩＴＥは消息を絶ったジャーナリストの斬首映像をインターネット上で〝発見〟し、世界のメディアに提供したと主張している。

BF　最近、ＩＳが首切り映像を制作していますが、逆さに持っているのに血が出ていないなど、ボロが出ているものが非常に多いのですよ。

RK　きっと、仕事が忙しすぎて雑になっているのでしょう（笑い）、そのうち過労死するかもしれませんね。モノがモノだけに外注に発注もできず、巨額の報酬に惹かれて引き受けたら「ブラック企業」だったというわけです。まあ、自業自得ですが。

BF　ネットから消されて残念だったのですが、フランスで雑誌社「シャーリー・エブド」に対するテロ事件がありましたけど、あのときに撃たれて死んでいるはずの警察官が、自分の携帯で自分の写真を撮っている映像が、一時期流出していました。

RK　安いギャラでクライシス・アクターを雇うからだと、そう突っ込みを入れておきましょうか。結局、ＩＳ騒動も立ち消えっぽいですし、最近はエボラも終わってしまいましたね。

BF　エボラ出血熱は不発でしたね。

ボクの姉は、カナダで伝染性疫病専門の医師をやっていて、ちょうどエボラ担当になりました。彼女に、リベリアの新聞報道では予防接種を受けた人だけがエボラを発症しているということ、また、ホルムアルデヒドを井戸水に入れている人物が逮捕されたという地元の新聞記事を確認してみました。ホルムアルデヒドという薬物を飲むと、エボラみたいな症状が出るそうで、それは伝染病じゃないよということですから、とにかく事実を確認しておいてねと姉には頼んであります。

RK エボラでも連中は、ずいぶんとやらかしていました。エボラ出血熱「大流行」のとき、ニューヨークタイムズやCNNは現場で取材したニュース映像を配信していましたが、全部、やらせであることがバレています。

「Ebola Hoax : 100% REVEALED! CNN + NYT caught using CRISIS ACTORS! MUST SEE」です。この動画にはCNNが「エボラ出血熱で死亡した」とテロップを掲げて映し出した映像は、昼寝でもしているかのように寝っ転がっている、血色のいい黒人青年（笑い）。

この「エボラ死亡青年」の父親もジーンズのポケットにドル札を詰め込んで、超ご機嫌ですし、エボラで死んだはずの青年も仕事が終わったのか、別の場面では起き上がっていましたしね。「元気でよかったですね」と突っ込む前に、お粗末すぎて逆に怖くなりましたよ。もう、バレてもかまわない、という感じで……。

BF 本当に追いつめられて、なりふり構っていられないのでしょう。シリアではどうにかして第三次世界大戦を起こそうとあがき、その前にはイランや北朝鮮の核開発から、尖閣諸島でアジア戦火……と。ハルマゲドンという言葉で迷信深い年寄りの連中を騙して、それで予言を実現するという名目で第三次世界大戦をやらせて、世界を大混乱にたたき込んで、自分たちが過去、さんざんやってきた犯罪行為を誤魔化そうとしているのです。

ですが、その勢力は今、どんどんパージされています。アメリカ軍でも幹部が２００人もクビになりました。とくに核兵器担当は全員総入れ替えされています。

「民間軍事会社のプロパガンダ、それがＩＳの実態です」

ＲＫ　ともあれ、第三次世界大戦を起こそうという一連の工作は、アメリカやヨーロッパ内部の良心的な人たちに止められて失敗に終わったといっていいでしょう。ですが、それでも諦めきれない連中がやっているのが、イスラム国（ＩＳ）です。断末魔の叫びというか、最後の悪あがきをなかなか止めないのです。

ＢＦ　イスラム国の「リタ・カッツ」特製の偽ビデオなどイスラム国の情報は、すべてエルサレム経由で出ています。イスラム国の負傷した兵士たちは、イスラエル国内の病院で治療を受けています。アメリカの共和党のジョン・マケインなどの人物たちが、イスラム国のトップと会ったり、会談したりする写真とかビデオも公開されました。マケインも、ボクはＩＳと何度も会っていると言っています。

日本の場合、日本人ジャーナリストが殺されたから仕返しに行くぞとか、日本も中近東で戦争しなきゃね、という世論を一生懸命作ろうとしています。そうしたキャンペーンのために、彼ら二人が本当に殺された可能性もあります。アメリカ当局と思われる人物からのEメールによると、その後、後藤さんとそっくりな人が、モロッコで、韓国人ツアーガイドとして活躍しているのだそうです。この情報は未確認ですので本当に殺されていたのなら申し訳ないのですが、明らかに世論づくりのために煽っているという感じがしますね。

繰り返しますが、イスラム国というものは、「イスラム」でもなければ「国」でもありません。イスラエルとアメリカ、それもワシントンDCですが、傭兵会社によるプロパガンダ、サイオプス作戦の一環なのは間違いないでしょう。

このイスラム国、ISの騒動を順番に見ていくと、まずオーストラリアでイスラムテロが起こりました。ちょうどそのとき、オーストラリア政府がテロ対策の新法案を発表しています。カナダでもテロ対策法案を審議している最中に、イスラム教徒がカナダ議会で銃を乱射しています。ボクの故郷はオタワですが、地元の人たちに聞いてみたら、事件が起きる朝からパトカーが100台ぐらい、議事堂の前に配置されていたそうです。芝居だったわけですね。

で、今度はパリで雑誌社へのテロです。それで各国首脳たちが、テロとの戦いというポーズをしたのです。

彼らは言い換えれば、ロスチャイルドの召し使いの集まりです。テロ被害は順番に、オーストラリア、カナダ、フランス。共通点は、テロ対策法の改正・強化です。今度は日本でも、これからはテロ対策が重要だどうのこうのと同じことを言っている最中に、日本人ジャーナリストが拉致され、殺されました。それで安倍首相は「罪を償わせる」と世界に宣言しました。

ここで知ってもらいたいのは、そうして出来たテロ対策法の中身が、非常に恐ろしいものだということです。イギリスには1000年以上前にマグナ・カルタという、初めて人権を守る法律がありました。マグナ・カルタは、政府が勝手に人を逮捕できず、罪を犯したら周りの人間に裁かれるべきで、王様は法の上に居ないという法律でした。今のテロ法案は、人権をそれ以前の状況に戻してしまったわけです。なぜかというと、テロそのものの定義が曖昧だからです。

法案の中身を見ると、テロが起きる前でも、テロ予防のためだったら誰でも逮捕できる。勝手にテロだと言い張って、誰でも逮捕できるようにするための法律なのです。その世論づくりに役者を使って、こういうキャンペーンをやっているのです。

その日本バージョンを実行しているのは〝安倍晋三〟というマフィアの奴隷総理です。それがIS騒動の真の目的です。世界政府を自分たちの民族によって作りたいと熱望するハザール族マフィアの一派なのです。

これがボクの長年の取材の結論です。

「帝国建設の野望〝大イスラエル計画〟を暴露しましょう」

RK　イスラム国が建設しようとしている国、もしくは今現在活動している地域を地図の上で見ると、奇妙な一致がありますね。彼らが主張している新たなＩＳの国土は「大イスラエル計画」と場所が同じなのです。つまり、イスラム国がイスラエル国になる、そうした計画であろうと思わざるを得ないのです。

〔解説〕**大イスラエル計画（Greater Israel）**
ナイル渓谷からユーフラテス川に跨るイスラエル帝国建設の構想であり、諸々の民族の頂点に立つ選民である自らの勢力圏を中東アジアに広げようとするアシュケナージ・ユダヤ人による戦略。西はナイル川に沿ってカイロからサウジアラビア北部を横断してイラクのペルシア湾岸まで、東はイラクの半分とヨルダン、シリア、レバノンを丸ごと勢力圏に入れてしまう構想。イスラエル外務省に関与していた著述家オデッド・イオンが１９８２年に世界シオニスト機関誌『Kivunim』に掲載したヘブライ語の論文を、ヘブライ大学教授イスラエル・シャハクが英訳して発信してしまったために世界の知るところとなった。

BF　ISは民間軍事会社であり、傭兵の会社と考えたほうが実態に近いのです。その結果、現在、何が起こっているかといえば、アメリカ正規軍対ブッシュのマフィアの戦いです。マフィアの勢力はブッシュの私兵である民間軍事会社、ブラックウォーター系ですね。こちらがイスラム国の中心です。それにイスラエル、そしてウォール街の国際金融マフィアの一部の勢力です。アメリカのワシントンDCと国務省、ハザールマフィアというか、サバタイ派、ヒクソスでもいいのですが、国際犯罪ネットワークの連中です。

実際、ペンタゴンは、こうしたマフィア勢力を絶対に許しません。最大の理由は、イラク戦争で「悪の軍隊」に仕立てられたからです。アメリカの軍人は、どんな戦争でもアメリカ軍が「正義の味方」だという不文律があります。それを破った連中だからです。

RK　ここは本当に徹底していますよね。太平洋戦争は日米による喧嘩でした。勝てば利権がっぽり、負ければ文無し、いわばヤクザ同士がシマ（縄張り）をめぐって争った。いくら奇麗事を言おうが、それが実情です。その意味でどっちもどっちです。

ですが戦後、日本を「悪の帝国」にして、その悪の帝国の支配から世界を救ったのがアメリカだと、見事にシナリオを書き換えました。アジア諸国は「正義の味方」のアメリカにひどい目に遭わされてしまうわけですが、その言い訳に、「日本よりマシ」だとアピールしようと旧日本軍の悪行をどんどん捏造していって、今や辻褄が全然、合わなくなっています。

その「慰安婦問題」は、アジアの諸国の経済的結束を阻止してユダヤ米国の利益とするのが目的であり、統一〝CIA〟教会が捏造したものであるという観点が抜けていると、真実は何も見えてこないと思います。「韓国悪い！」では、ただの馬鹿です。

日中・日韓の経済融合は、東アジア共同体の創設につながるもので、ユダヤ米国による日韓支配構造を危うくする事態です。ユダヤ米国が日本から搾取するために、慰安婦問題を悪用しているのです。同時に、北朝鮮も日韓関係を悪くできて喜んでいます。日本の「反韓右翼」は、北朝鮮人の集団です。そのくらいのことが分からないと、人生、つまらない。

だから1980年代までは慰安婦問題なんて存在もしなかった。プロパガンダには使えないとわかっていたからです。それをやったのは、それ以上の酷いことをアメリカがやりだしたからですね。戦地で現地の人を殺す、犯す、奴隷にする、人身売買する、ドラッグを作らせ、犯罪者にする……そんなことをするから、こんなストーリーをでっち上げなくてはならなくなったのでしょう。

BF　ペンタゴンも最近は言わなくなっていますよね。それは、ペンタゴンがアジアで悪いことをしないと決めたからでしょう。日本軍の悪口を言わなくても正義の味方ができれば、それでいいわけですから。結局、世界中で悪いことをしてきたから「より悪い敵」が必要となる。「あいつらは、もっと酷いぞ」といって自分たちの行為を正当化してきたわけです。その連鎖を断ち切れば、普通の軍隊に戻るのです。それでイラク戦争後、米軍は「悪の軍隊」を止めました。

「ＩＳ傭兵は日払い5万円、月給制だったら76万だそうです」

BF　ペンタゴンの関係者から聞いたのですが、２００７年にアメリカ財務省から１００ドル紙幣の印刷原板と印刷機を貰って、それで兵士の給料を払うようにしているそうです。つまり、米連銀（ＦＲＢ）とは別に、米軍自身でお金を作っているのです。

RK　なるほど、兵站《へいたん》というか兵糧《ひょうりょう》を国務省、ワシントンＤＣに依存しなくてよくなったから内戦に突入できたわけですね。

BF　その結果、ナチス勢力やハザールマフィアの下で働く傭兵・政治家とペンタゴン正規軍が戦っているのです。つまり、中近東とウクライナは、その代理戦争といいますか。

ウクライナで言えば、イラン、エジプト、ロシアが「ハザール王国」をやっつけようと協力するはずです。シリアではまず、サウジアラビアと湾岸協力会議が狙われるでしょう。この6カ国は国家の資産を王族が私物化しています。それに欧米の傀儡《かいらい》ですからイスラム勢力が潰して石油を奪うはずです。それでサウジのお金がなくなれば、イスラエルも終わりです。そうなると、ワシントンＤＣのマフィアたちに残っている資源は、もう、何もない。麻薬利権も潰されていますし、日本から盗める金もどんどん減っています。

〔解説〕湾岸協力会議

英語名は「Gulf Cooperation Council」、略称GCC。加盟国はアラブ首長国連邦、バーレーン、クウェート、オマーン、カタール、サウジアラビアの6カ国。イラク、イランなどアラビア湾に面するすべての国が加盟しているわけではない。

RK　ですから、ISとかイスラム国と呼ぶのには反対なんです。ISは「Islaeri《イスラエル》 Secret《秘密》 Intelligence《諜報》 Service《機関》」の略であって、ISが中東に広域にわたる国家をでっち上げた後に、米・イスラエルが本格的に軍事介入してISを殲滅、乗っ取る。「民主国家」を標榜した統合国家が捏造される。イラク・アフガン乗っ取り方式ですね。その名は「大イスラエル」。

そもそもアフガン侵攻の目的は、ロックフェラーが支配する石油と麻薬という二つの産業の利権を奪い取るのと同時に、アシュケナージ・ユダヤ人のための「ユダヤの故地、ハザール汗国の旧領土の奪還」でもあったのです。一方で、イラクの侵略は、世界最大の埋蔵量が期待されるイラクの石油をロックフェラーが奪取すること以外に、もう一つ、実現すればシオニスト・ユダヤ人全体が狂喜乱舞する目的がありました。それは、聖書の予言の実現であり、大イスラエルの建設なのです。

ＩＳ＝大イスラエル計画だったんですね。

そもそも２０１１年から始まった「アラブの春」という捏造革命は、ユダヤ金融資本がマスコミやネットの世論調査を捏造させて革命をでっち上げたものです。

そういえばＣＮＮのインタビューで、オバマ大統領は、「アメリカはウクライナにおける権力の移行をやり遂げた」と語っていました。アメリカがやったと自白したのです。その意味でウクライナの大統領ペトロ・ポロシェンコは「隠れユダヤ人」、ポロシェンコの父親はアレクセイ・ワルツマンなるユダヤ人で、妻の姓をとってポロシェンコと改名した人物です。

BF　ＣＮＮは、以前も「ウクライナで戦っている米軍」と報じていましたよ（苦笑い）。あそこで大暴れしていたのはアメリカです、と認めています。

RK　ケリー国務長官がウクライナに兵器を供与するかどうか考えているというようなことも言いだしているので、これは完全にアメリカのためのというか、アメリカのおかしな勢力のためのウクライナ内乱であるということになってしまいます。ウクライナの人たちにとっては本当、とばっちりで、可哀相ですよね。てめえの国に入り込まれて、好き勝手に戦争されているのですから。どこか他でやってくれないでしょうか。僕としては、火星でやったらいいと思うのですよね。

BF　そういえば、日払い５万円で傭兵は集まっているそうですよ。

RK　いやいや、ＩＳは、１カ月で76万円もらえるそうです。

BF　今、ものすごい報酬で募っていますね。独メルケル首相と仏オランド大統領が、いきなりモスクワに行った理由が実に不思議です。ドイツ国内でアメリカ国務省の欧州・ユーラシア担当の国務次官補であるビクトリア・ヌーランドの補佐官が、50億ドルの偽札をバス2台で運んでいたのが見つかりました。そのヌーランドの補佐官が逮捕されて、ペラペラしゃべり始めたのです。東ウクライナの人たちにお金を渡して、これで武器を買え、ウクライナ側にも渡して、これで戦争しろと、両陣営にばらまいていることがバレたからです。ドルをばらまいて、戦争を煽るというのは、この人たちの昔からの常套手段です。

あと、ボクの知人のロシア人ジャーナリストがウクライナで取材していまして、その彼が言うには、ウクライナのクーデターのとき、国務省のスタッフが、日本の金銭感覚ならば日当5万円相当、さらにドラッグやり放題で人員を募集していたそうです。そうした資金には、おそらく「スーパーK」が使われています。そのスーパーKを製造しているのはCIA、これもワシントンDC側についたCIAです。

〔解説〕スーパーK

表向きはあくまで北朝鮮が関与して製造しているとされる、100米ドル札の極めて精巧な偽札。紙幣番号の頭文字が「K」で始まるので捜査関係者にこう呼ばれている、とのサイドストーリーも生まれた。

BF これも究極のインサイダー情報ですが、どうもロスチャイルド一族がウクライナの債務を全部、買い取ったそうです。ロスチャイルドの名言に「道に血が流れているときが投資の最良のチャンスだ」というものがあります。国家財政がどん底で皆が逃げようとしているときが、二束三文で国家の財産を買えるんだよ、ということです。今、ウクライナの債務を買っているということは、裏でウクライナ危機の解決策が決まったというインサイダー情報を得ているからではないかと思われます。この情報の大元はロシアの諜報関係者から教えてもらいました。

RK ほほう、さすがロスチャイルドです。ロスチャイルドの一族は、この世界革命の後でもしぶとく生き残りそうです。

●「口を滑らせた内閣官房参与、〝ISのボスはユダヤ人〟ですって」

RK そういえば、第二次安倍政権の内閣官房参与だった飯島（勲）というラスプーチンみたいな輩がいますが、この人がフジテレビの報道番組で、「ISのボスのアル・バグダディは、実はサイモン・エリオットというユダヤ人だ」と発言していたのです。ちょっと待て、イスラム過激派のボスが、何でユダヤ人なんだよって思いますし、どうしてキャスターは説明を求めないのか、と。「へー、そうなんですか」と聞き流していい問題ではないはずです。飯島さんは平気で言っていましたから、どこか狂っているな、と思いましたね。その直後に、今度はサイモン・エリオットが空爆で負傷して、イスラエルに運ばれて治療を受けていると言っていましたが、なんでイスラエルなんですかね。なんか、もう無茶苦茶になっています。

〔解説〕**アル・バクダディ**
サラフィー・ジハード主義組織ＩＳＩＬの指導者であり、自称カリフ（イスラム国家の指導者）。日本の公安調査庁のウェブサイトによれば、本名はイブラヒーム・アワード・イブラヒーム・アリー・アル・バドリー・アル・サマッライと「寿限無」並みに長い。１９７１年、イラクのサーマッラー生まれ。預言者ムハンマドの出身部族であるクライシュ族の血を引くブーバドリー族の出身とされるが、これらはあくまでも西側メディアの報道情報である。

ＲＫ　ついでに言わせてもらえば、そもそも論ですが、９・１１にはイラク、アフガニスタンは関与していません。９・１１で旅客機を乗っ取って突っ込んだといわれる実行犯のほとんど全員がサウジアラビア人だったのですからね。では、なんでサウジアラビアを攻撃しないのですか。おかしいですよね。
イラクを攻撃した大義名分は二つあって、一つは大量破壊兵器を保有しているということですが、これは嘘でした。もう一つは、イラクのフセイン政権はビン・ラディンと癒着しているというものですが、これは調べていったら、むしろ敵対していると分かりました。何なのですか。嘘ばかりですね。こんないい加減な嘘でもって大戦争を始めて、何百万人も殺しているわけです。ふざけるんじゃない！　ホント、そう思います。

BF　実は、先日、ボクのところに「ゴードンダフ」というペンタゴンの人物から機密文書が提供されました。その内容がなかなか興味深くて、ブッシュの周辺の人物が、罪を免れようとペラペラと内幕を喋りだしたようで、そのなかに「9・11」のシナリオがあったのです。
中身を説明すると、9・11は1990年代に発案された計画で、9・11の目的は、本来の脚本では、2000年の大統領選ではベイビー・ブッシュではなく、アル・ゴアが当選する予定だったというのです。そのアル・ゴアの副大統領に、リーバーマンというハザールマフィアの超タカ派議員を据えようというのが本来の計画だったそうです。そして9・11以後のシナリオは二つ。一つは、ゴアが無能だからこんな惨事が起きたんだと、ゴアを大統領職から降ろす案と、ゴアを暗殺するという案です。

RK　そうしてリーバーマンが、アメリカ史上初のユダヤ人大統領に就任する予定だった、というわけですか？

〔解説〕**ジョゼフ・イサドア・〝ジョー〟・リーバーマン**

無所属の元上院議員。イェール大卒の弁護士から政治家に転身。２０００年アメリカ合衆国大統領選挙でアル・ゴアにより民主党の副大統領候補に指名、ユダヤ教徒として初の二大政党の正副大統領候補者となった。

BF　そしてリーバーマンが大統領に就いたら、テロをイランのせいにしてイランと全面戦争をすることで、ロシアとアメリカの核戦争にまでエスカレートさせる予定だったそうです。

RK　それが人工世紀末、「ハルマゲドン計画」の全貌ですか。確かにイランは、この全面戦争のために「悪役」に仕立てられた感じですよね。

BF　今、起きていることは、オオカミ少年現象なのです。今までのあらゆる情報は、ワシントンDCや、いわゆるユダヤと呼んでもいいですが、彼らが完全にコントロールしていました。９・11がビン・ラディンによる犯行だという話が、最初はまかり通ったわけです。国連をはじめ全ての国家がその偽情報を信じて、アフガン侵略が支持されたわけです。ところが、インターネットという新しいコミュニケーション手段が生まれたために、次はイラクに大量破壊兵器があるといくら叫んでも、支持する人ががぐんと減った。そのうえ、蓋を開けてみれば大量破壊兵器など存在しなかったわけです。

今度はシリア政府軍が毒ガスを使ったという騒ぎがありましたが、そのときに使われた写真は、昔、イラク戦争前に公表されたのと同じ写真なのです。前はフセインがやった、今度はシリアがやったと言って、同じ写真を使ったことがバレバレになってしまい、今はその人たちの言うことを誰も聞かないという状況になっているのです。まだ彼らは大手新聞社を握っていますから、いろいろな報道を流してはいますが、世界の政府、特に軍の諜報組織は、その人たちのことを信じていませんから、以前のように彼らが人を操ることができなくなったのです。

イスラム国だって、ペンタゴンからの情報によれば、IS関連の報道のほとんどがでたらめで、「アリゾナ州の砂漠で撮影している」とありました。

「超極秘情報！フェイスブック創業者はロックフェラーの孫です」

RK　アメリカといえば、ロックフェラー勢力の現状はどうなのでしょうか？
BF　デイビッド・ロックフェラーの次男で、「国境なき医師団」に参加していた医師のリチャード・ロックフェラーが殺されたのですよね。デイビッド・ロックフェラーの誕生日の後に自家用機を操縦して、離陸した10分後に墜落事故が起きました。

離陸10分後というと、やり方は二つです。一つは燃料ラインをカットすることです。そうすると当然、燃料が切れて墜落します。もう一つは乗員への酸素の供給を断つことです。ずっと高空に行くと、酸素がなくなって、意識が不明になって事故が起きます。では、なぜ殺害されたかというと、リチャード・ロックフェラーがエボラ出血熱の秘密を暴露しようとしたからだそうです。そう、ロックフェラー一族がボクに間接的に伝えてきました。

RK ほほう、本当に「革命」が進行中なのですね。すごいことです。

BF ちなみに、皆さんのプライバシー情報を握っているFacebookという会社の創立者で大株主のマーク・ザッカーバーグは、実はデイビッド・ロックフェラーの実の孫なのです。

ＧＥ（ゼネラル・エレクトリック）というロックフェラー傘下の巨大企業は、筆頭株主だったボクの曽祖父からロックフェラーが盗み取った会社なのですが、そのＧＥの設備で大きな爆発事故がありました。これはただの火災ではなくて、ロックフェラーに対する攻撃なのです。他でも最近、アメリカの発電所やいろいろな所で大型爆発が見られるのです。アムトラック（全米鉄道旅客公社）の列車爆発、脱線事故もあります。これらは全部、ＧＥ関連です。ＧＥというのは、３・１１の前に原子力発電部門を日本に売りつけた会社です。これは仕返しだと思ってください。この人たちが失脚しようとしている最中なのです。

RK　石油資源への支配力を半ば失ったユダ金は、石油依存を捨てざるを得なくなり、逆手をとって原油安でドル高を演出している？　末期症状、まるで断末魔です。その場凌ぎですね。原油安でドル需要は目減りする。ユダヤ米国が再生の頼みの綱としたシェールオイルビジネスは成立しえなくなり廃業となる。

石油ビジネスで台頭したユダヤ金融資本が、今、石油を捨てる？　ドル高演出のために？　それは単に「終わり」が来たということではないでしょうか。苦肉の策。倒産前のひと暴れ。傷口が広がるだけ。シェールオイル事業は、米国再興経済復活詐欺の目玉。この巨大詐欺ビジネスの崩壊は、米国経済の崩壊と同義語です。さあ、ほかの石油企業さんも、乗り遅れず、どんどん破綻しましょう！

「中国の景気後退」とは言うけれど、実態はどうでしょうか？　中国の貿易総額は2015年も世界一。中国が原油輸入量を減らしたから原油が安くなったと、テレビでは言ってるみたいですが、実態はどうです？　「中国原油輸入量、過去最高更新！」。原油安は、中国が原因ではありません。安倍政権のプロパガンダに惑わされてはいけません。

BF　これもロシアと中国が仕掛けた「戦争」です。ロシアは自分が傷つくことも構わず、原油安を仕掛けてきているのです。事実、ロシアの天然ガスが安くなって、それに引きずられるようにして原油価格も落ちていきました。当初はアメリカによるロシア潰しといわれていましたが、実態は逆なんです。ようするに、洗面器の水に顔を漬けて、どっちが長く我慢できるか、と。それならばプーチンの圧勝でしょう。この我慢比べのあと、世界で大きな動きが出てきそうですね。

「小保方女史バッシングのウラを読める力を身につけてください」

RK　国際情勢の話が中心になりましたが、ここらで話題を転じましょう。

日本中で大騒ぎになった「STAP細胞」（刺激惹起性多能性獲得）は「本物」です。本物だからこそ、ユダヤ裏社会にとって都合が悪いために潰されたのです。小保方晴子さんの発見した「外部ストレスにより体細胞が初期化して多能性を持つSTAP現象」が存在したことを報告する論文が、科学雑誌『ネイチャー』の姉妹誌の『ネイチャーサイエンティフィックリポーツ』の2015年11月27日付けに掲載されました。

真相を告白した小保方晴子さんの著書『あの日』をトンデモ本だと必死に中傷する輩が徘徊していますが、米国研究者グループによるSTAP現象確認の報が、小保方さんの復権につながるのか、注目しましょう。真実には、それそのものが持つ力があるのです。真実を永遠に隠蔽することは不可能でもあります。

BF　ボクもSTAP細胞は本物だと考えています。それで『闇の支配者に握り潰された世界を救う技術〈現代編〉』（イースト・プレス刊）で1章分を使ってSTAPを擁護したのですが、読者からものすごい反響があった。やはり、あの騒動を見て、どこか胡散臭い、何か裏がありそう、そう感じている人が多いからでしょう。

〔解説〕STAP細胞騒動

STAP論文の共著者であるチャールズ・バカンティ博士は、米国誌『ニューヨーカー』の取材に「私はSTAP細胞が正しいと確信したまま墓場に行くだろう」と答え、「2015年にもSTAP細胞の研究を続け、万能性を示す遺伝子の働きを確認した」という（ライブドアニュース）。また、理化学研究所の発生・再生科学総合研究センター（CDB）副センター長だった故・笹井芳樹博士の夫人は『週刊新潮』のインタビューに「主人はSTAP現象そのものについては最後まで『ある』と思っていました。『ES細胞とは明らかに形が異なる』という話を、家でもよくしていました」と証言している。

RK　明らかにマスゴミを使って小保方晴子女史をバッシングして潰そうとしていましたからね。おそらく、小保方さんを潰すことで、理研のSTAP細胞特許と論文を、裏でこっそり強奪したはずです。

事実、ＳＴＡＰ「捏造」報道のあと、ＳＴＡＰ細胞としか思えない研究が続々と発表されているのが何よりの証拠です。理研が、特許申請を取り下げ、ほとぼりが冷めてからの報道です。

BF　何か事件があれば、報道を鵜呑みにするのではなく、いろんなソースを見て自分自身で判断する習慣を身につければ、騙されにくくなるはずです。

ボクたち二人が発信する情報を活用してもらえれば嬉しいですね。

第8章

ついに分かった「闇の支配者」の正体と野望

ベンジャミン・フルフォード氏とリチャード・コシミズ氏は「真実」を追求するジャーナリストというスタンスは同じだが、その手法に大きな違いがある。

犯罪捜査にたとえるなら、ベンジャミン・フルフォード氏は、さしずめ凄腕の刑事といったところだろう。犯人を求めてどこまでもしつこく追いかける。現場に何度も足を運び、細かな物証を掻き集め、地道に一歩一歩、犯人へと迫っていく。

事実、フルフォード氏は「イルミナティ」と直接コネクションを持つ数少ないジャーナリストとして世界的にも有名となっている。氏が発信する情報は瞬く間に世界へと広がっているのだ。

リチャード・コシミズ氏は「プロファイラー」といえそうだ。最新の犯罪捜査方法に「プロファイリング」がある。従来の捜査は、証拠と証人を積み重ねて犯人へと迫っていく。しかし、初動捜査に失敗したり、証拠を隠滅されたりした場合、犯人へと辿り着かない。そこでプロファイリングの登場となる。プロファイラーは、まず「犯人像」を作成、その動機、犯罪方法を犯罪心理学などから割り出し、その「ストーリー」に基づいて証拠を探していく。

リチャード・コシミズ氏は、何かの事件があれば膨大な情報を精査し、矛盾がないかを徹底的に調べ上げる。その矛盾がどうして起こったのか？　その矛盾に隠された「真実」を浮き彫りにすることで犯人像に迫っていく。そうして氏は世界を裏で牛耳ってきたユダヤ勢力の存在を暴き出し、日本においてはユダヤ勢力と結託した北朝鮮勢力と、その共犯者である政財界の大物たちの存在を明らかにしてきた。

この世界を不幸にしている「黒幕」は誰なのか？

両氏の手法の違いからベンジャミン・フルフォード氏は、その「黒幕」の存在に向けて一直線に迫っている。ＣＩＡといった諜報機関、その隠れ蓑となっていたヤクザに始まり、その後はヨーロッパやアジアの王族、フリーメイソンといった秘密結社からイルミナティ。そして氏は、ついにイルミナティの背後にいる正真正銘の「黒幕」へと辿り着いた。

一方のリチャード・コシミズ氏は、黒幕の存在より、どの勢力と誰が結びつき、何をしているのか、黒幕の構造と支配のシステムを明らかにしようとしてきた。

求める先は同じながら、手法の違いによる情報には差があり、それがいい意味で補完しあっている。それゆえＦＡＣＴ対談でも両氏が探し当てた極秘情報が激しくぶつかり合う。しかし、その多くは対立ではなく補完されることで、本来は見えにくい「黒幕」さえも立体的に浮かび上がってくるほどだ。それがＦＡＣＴ対談の最大の魅力といっていい。

両氏がテーマとして追い求める「黒幕」とは、いったい、どんな存在なのか？

再構成した対談をたっぷりと味わってほしい。

「オモテとは別にウラの経済システムが存在しています」

リチャード・コシミズ（以下RK）　僕もベンジャミンさんも、さまざまな妨害を受け、ときには命を狙われながら、どうして、こうした活動を続けているかといえば、結局、世界の「真実」を知りたい、この世の中が、もっとよくなってほしい、そう考えているからですよね。

ベンジャミン・フルフォード（以下BF）　ボクは砂糖の先物取引の記者から金融ジャーナリストになって世界のお金を調べていて、ものすごい巨額のお金がどこかに消えている、オモテの経済とは別にウラの経済システムがあることに気づきました。その消えたお金があれば、世界は本当に豊かになって、みんな、幸せになる。でも現実はそうじゃない。昨今の世界的な株安現象もその一つの局面です。

RK　2008年のリーマン・ショック後から始まった米国、日本、ヨーロッパの強力な金融緩和によるマネー膨張が、世界的な株高を生んだわけですよね。しかし、その「宴《うたげ》」は終わりを迎えました。

対日侵略軍総本部と呼んでもいいCSIS直営の『日本不経済新聞』あたりは「中国経済の減速」だとか、米国1%による「中東騒乱」惹起、過剰供給による「原油安」だとかといった株価低迷の理由をご主張になっているようですが、実のところは、米国ユダヤと欧州ユダヤと米国1%の属国である日本が結託して金融緩和による株高を演出してきたのに、もう限界に達したということなのでしょう。マネーを市中に流し込むことで、株取引を膨張させただけ。実体経済を全く反映していない株高だから、高値の維持ができなくなった。今後もきっと下がりますね。

原油は10ドル、日経平均は1万2000円という壊滅的な予測さえありましたね。いいじゃないですか。馬鹿が目覚めますよ、さすがにそこまで行けば。

BF　まるでジェットコースターのような世界経済ですが、いったい、どんな裏の経済システムがあるのか、そうして調べていくうちに「闇の支配者」の存在に気づきました。ようは、表の権力者ではなく「裏の権力者たち」。表のメディアには登場しませんし、出てきても別の顔を見せます。この裏の権力者たちの存在を理解しなければ、世界の実相は絶対に理解できません。

RK　僕の場合、その枠組みとして「ユダヤ」にターゲットを定めました。もちろん、僕が糾弾しているのは「ユダヤ金融資本権力」としてのロスチャイルド、ロックフェラーらの世界的な犯罪を主導するエスタブリッシュメントであり、ユダヤ人一般とは明確に区別しています。だから、いわゆる「ユダヤ」とは宗教や信徒を指すのではなく、ユダヤ金融資本の支配のシステムと考えています。少数によって大多数の人々を管理して、富を独占する。そのやり口を見ていると、人間を家畜と考えて、ある意味、非常に効率的に管理支配しています。

「一般民衆は〝シープル《羊人》〟、支配・管理の対象なのです」

BF　ここが農耕民族である日本人には理解しにくいところで、発想が非常に遊牧民的といますか、とても酷薄なのです。ユダヤ人の割礼なんかもそうですが、乳牛とかでも、ちょっとでも乳の出が悪いと殺処分しますし、オスだとご主人の言うことを聞かない、すぐに暴れるとなれば断種して睾丸を抜いてしまうでしょ。これが農耕民族だと牛や馬は家族扱い。田畑を耕したり、荷物を運んだりする使役動物ですから、昭和初期までは家の中で大切に飼って、潰して食べることも少なかった。感覚が全く違うのです。

事実、遊牧民たちは農耕民族を「草を食べる」、穀物と言い換えてもいいですが、「sheep《シープ》people《ピープル》」から「羊人」（Sheeple《シープル》）と呼んでいます。その羊人、農耕民族を管理する「羊飼い」として一神教があって、その神を動かすことで全体を支配する。この発想でずっと世界を支配してきたのです。

支配者たちから見れば一般人は同じ人間ではなく、「羊人」という家畜です。だから殖えて管理が面倒になれば間引こう、となるし、劣等な種族は断種して子孫を作らせないようにする。家畜を使って利益を得れば、当然のごとく牧場主がすべて奪い取る。文句を言えば餌を減らし、鞭で叩いて支配する。食糧と軍事力で世界を管理している連中が存在しているのです。

RK　牧羊犬というか、カウボーイでもいいですけど、そういう牧場主のために働くのが、「ユダヤ」と考えています。いや、それを「ユダヤ」というキーワードにしているのでしょう。オーナーのために働く少数の管理者なのでマイノリティになりますし、それが「ユダヤ」を名乗って暗躍するわけです。

BF　ボクは、コシミズさんの言う「ユダヤ」を意のままに動かすオーナーをターゲットにしてきました。だいたい、全世界で100万人かそこら。ここが問題なのです。このオーナーたちが誰なのか、どんな考えを持っているのか、なぜ生まれたのか。それを知るには、直接、当人に聞くしかない。そうしてイルミナティに接触して、そのイルミナティの先にも支配者がいることに気づきました。それが「100万人」のマフィアたちだったのです。

RK　ベンジャミンさんの比喩でいけば、逆に言えば「ユダヤ」は牧羊犬やカウボーイだけに、あちこち動き回る分、ちゃんと調査していけばその姿が見えてきます。牧羊犬としての「ユダヤ」ですが、こちらは「権力を持ったマイノリティ」と言い換えることができます。世界権力が支配するための「道具」としてのマイノリティ。これはアメリカ、日本、すべての世界でやっています。

　ところが、日本にはユダヤ系が居ないので、日本に居るマイノリティの人が使われています。日本にどのようなマイノリティの人が居るかは、今さら説明する必要もないくらいでしょう。そのマイノリティの人が一番多いのが、創価学会と統一教会です。創価学会は公明党を、統一教会は自民党を支配しているというわけです。結局、政権与党がマイノリティによって支配されているということです。そのマイノリティの背後には金融ユダヤ人が居るというのが基本的な構造なので、日本の政府がわれわれ日本人を代表していなくて当たり前なのです。異種の人たちが日本を支配しているということです。

「〝在日と部落〟、メディアはタブー視して絶対に報道しません」

RK　日本の問題でいえば、近年の総理大臣の出身地です。総理大臣の出身地をよくチェックしてみると、まさしくマイノリティの出身地です。現在の総理の安倍さんもそうでしょう。日本人を思い切り騙して、ひどい政策をやっています。総理大臣が外国人なのだから、われわれの国の国益を守るわけがないではありませんか。当たり前でしょう。ヤクザや右翼の構成員のほとんどが在日と部落で占められている。創価学会は在日や部落が大量に入ったことにより大きな組織となった。

ここでいうマイノリティというのは、「在日」と「部落」です。いずれもメディアではタブーとなって話題にすることができません。

政治の世界を見ますと、自民党は統一教会、公明党はそのものが創価学会、いずれも在日と部落勢力ですね。旧みんなの党は統一教会、日本維新の会は部落です。橋下や竹中平蔵はすでに明らかになっていますが、石原慎太郎についても同じ筋でしょう。

野党でいえば民主党の前原誠司は元部落解放同盟青年部長ですよ。

日本において部落という特殊な集団が発生したのは飛鳥時代までさかのぼります。もともと大和朝廷による統一戦争で負けた兵士やその家族などを奴隷にして権力者たちの古墳を造るために集められたのが起源なのです。だから部落のある場所と古墳の所在は見事に一致します。そして総理大臣の出身地とも一致しちゃうわけです。

そういった構造を打破して、国家デフォルトになってでも何でもよいので、そのような変な人々を全てきれいに排除した上で、日本人だけで日本のための政府をつくればよいのです。上に溜まっている汚いごみを全部きれいに掃除して、日本人だけの国をやり直したほうがよほどわれわれは早く幸福になれると思います。もし本当に日本人が実権を取り戻して実力を発揮すれば、この国はとんでもなく発展するでしょう。

●——「CSISこそが日本支配のヘッドクォーター《司令部》です」

BF　いわゆる「ジャパン・ハンドラー」、まあ、わかりやすく「黒幕」でもいいのですが、実際に日本にどのような黒幕が居るか、いろいろと調べました。真っ先に浮かぶのはシンクタンクのCSIS（戦略国際問題研究所、Center for Strategic and International Studies）ですね。ワシントンDCに本拠を構えた、文字通り、日本支配のヘッドクォーター（司令部）です。

そこの現在のトップはリチャード・アーミテイジで、肩書きはベイビー・ブッシュ政権時代の国務副長官ですが、その実態はブッシュ・マフィアの麻薬密輸殺人犯です。その下に居るマイケル・グリーンは、まあ、この男は本当に酷いやつで、さんざんボクに嫌がらせをしてきました。モサドの工作員でCSISの日本部長を務めていましたが、小泉進次郎の親分ですね。もう一人はジェラルド・カーティスというコロンビア大学の教授ですが、この男も正体はCIA対日班の事実上のトップ。この3人が日本支配の設計図を書いています。

RK　この三羽カラスは、アーミテージ・ナイレポートなどで露骨に内政干渉しています。安倍政権が何をするのかは、このアーミテージ・ナイレポートを見たほうが早いぐらいです。

〔解説〕**CSIS（戦略国際問題研究所）**

理事長はサム・ナン。ヘンリー・キッシンジャーやカーラ・ヒルズ、リチャード・アーミテイジ、ズビグニュー・ブレジンスキーらが理事を務め、顧問にはキッシンジャーと弟子のブレント・スコウクロフトがいる。彼らの多くはアメリカ国家安全保障会議の国家安全保障問題担当大統領補佐官でもあった。イラク復興案も国防長官ドナルド・ラムズフェルドによってCSISの案が採用された。日本人では小泉進次郎や浜田和幸、渡部恒雄などが一時籍を置いた。現在では日本から多くの将来有望な若手官僚や政治家（候補を含む）がCSISに出向して学んでくる慣習が確立している。日本部には、防衛省、公安調査庁、内閣官房、内閣情報調査室の職員の他、日本貿易振興機構や損害保険会社、NTTの上級職員も、客員研究員として名を連ねている。また、日本の現役政治家とも縁が深く、麻生太郎や安倍晋三などもたびたびCSISを訪れ、スピーチを行っている。CSISは日本では公益財団法人東京財団（日本財団の下部組織）と協力関係にある。東京財団の他にも笹川平和財団、特定非営利活動法人世界開発協力機構がフェローシップ・プログラムの提携を行っている。また、2011年には日本経済新聞社と共同で「日経・CSISバーチャル・シンクタンク」の創設を発表し、2012年に立ち上げた。稲盛財団理事長の稲盛和夫はこの財団に莫大な寄付をしている。悪名高い子宮頸がんワクチンの接種、推進もCSISの案だった。

BF　まさに安倍政権のシナリオライターといっていいくらいです。安倍晋三は、この3人の書いた脚本を演じているだけです。

そういえば小泉進次郎がマイケル・グリーンと共同で書いた論文を読んだことがあるのですが、

これがすごい内容でした。小泉ジュニアは平然と「日本人はユダヤ人に従うべきだ」と、非常に侮辱的なことを書かされていました。さらに小泉ジュニアが自民党青年局の局長に就任して若手議員を集めた勉強会を立ち上げたときに、サスーン財団の御曹司であるジェームズ・サスーンから、その派閥の参加議員全員に1000万円から2000万円くらいの賄賂が渡されたそうです。ジェームズ・サスーンはイギリスの上院議員ですから、ボクは直接連絡して事実かどうかを確認したのですが、ノーコメントということでした。次期総理候補として名高い小泉進次郎は奴隷分子です。

RK　以前、2013年かな、『週刊現代』(4月15日号)で「小泉進次郎はホモ」という記事が出たんだそうです。名誉毀損級の記事なのに本人もなぜか反応しなかった。報道陣の質問に「何書いてもらってもいいんですが……。もう、まな板の上のコイズミですよ。もうね、否定も肯定もしない。今後は謎多き〝霧〟をまとわせます」とお茶を濁しました。政界では石破茂と細野豪志がお相手らしいとまで報道されたのに、ですよ。

BF　あはははは。

RK　これは冗談だけど、実は笑い話ではないでしょ。

BF　ええ。イェール大学の秘密結社スカル&ボーンズが有名ですが、CSISもホモ行為を強要します。ここに集まってくるのはアメリカの名門大学を卒業してワシントンDC入りするようなエリートや、サウジの王族の御曹司などです。日本でも二世や三世の政治家や高級官僚たちがやって来て、ここで「ホモ」や「ドラッグ」のパーティをするわけです。参加しなければCSIS内でつまはじきになり、参加すればCSISのネットワークから極秘情報をもらえる。だから、出世したい野心を持った人間ほどホモ行為やドラッグに手を染めて、証拠をがっちり押さえられて「奴隷」にされてしまうのです。

RK　小泉進次郎なんか、きっとマイケル・グリーンに手取り足取り、仕込まれたんじゃないですか？　とても想像したくはないけど（苦笑い）。週刊誌の記事は「あれだけモテるイケメンなのに結婚しないのは、まさかホモだから？」という内容でしたが、本当に男に目覚めているのかもしれませんね。

BF　逆に言えば、だからこそ小泉進次郎を次期総理に推しているともいえます。絶対に裏切れない。裏切れば、すごいビデオが新宿二丁目のゲイバー街に流れる。お宝映像の流出です（笑い）。

RK　そのおかげか、進次郎はコロンビア大学の大学院に入ってカーティスに師事することができた。コロンビア大学は、東大出のトップクラスの人でも卒業は厳しいぐらいレベルが高い。関東学院大学経済学部卒の小泉ジュニアでは無理でしょ。未来の日本の宰相候補はこうして奴らの掌中にはまっていったんです。ジャパン・ハンドラーというより、小泉ジュニア・ハンドラーたちです。

BF　そうして便所の落書きのような「日本人がユダヤ人に従うべき」という論文を丸写しして発表した、と。ボクがその事実を指摘すると、ホームページからすぐさま削除しました。

「VIP専門の〝ヤミの性愛組織〟を突き止めました」

RK　マイケル・グリーンが書いた政策に安倍さんはホチキスするだけですし、その論文もカーティスが書いて小泉ジュニアがサインしただけなのでしょうね。

BF　ほかにもイギリスのヒース元首相がイギリスの独立をEUに譲ったという話がありました。ヒースは若い男の子とセックスするのが趣味だったので、その性癖を暴露すると脅迫されたために国の独立を譲ったのです。今、そのことがイギリスでは大変大きな事件として取り上げられて、BBCのニュースやガーディアンなどの新聞にも普通に出ているのです。政治家が若い男を犯したり殺したりしていたことや、そのようなネットワークが暴露されているという状況です。

また、イギリスでは2011年、国民的人気キャスターだったジミー・サヴィルが少年と性交渉していたとスキャンダルになりました。そうしたVIP専門のロリータ（幼児性愛）とか少年ホモ売春の「闇組織」があることが分かってきました。

RK　日本の政財界とホモの関わりについて私の理解を整理しておきましょう。

日本の政治と裏社会の実態を知りたいなら、従来の「暴力団・同和・半島」の3要素では不十分、これに「ホモ人脈」があるのです。CIAが対日工作するとき、この「ホモ人脈」が動いて政界・

財界を動かしています。つまりはＣＩＡが使う脅迫の道具として、ホモ問題が活用されてきたのはインテリジェンスの世界では常識です。

諜報戦の歴史資料やナチス史を読めば、ホモ関係がいかに重要な役目を果たしてきたのかがわかります。映画になった『将軍たちの夜（長いサーベルの夜）』で突撃隊（ＳＡ）が殲滅され、英政府が発禁にしたベストセラー・ノンフィクション『スパイ・キャッチャー』でＫＧＢがＭＩ６を翻弄したのも、ホモ人脈を操った謀略戦の代表例です。

また、日本には昔から衆道《しゅどう》の世界があって、『葉隠』に三島由紀夫が傾倒していたのは、主君に命を奉げる殉死の美学だし、天皇制は男が男に惚れる世界だという説もあります。その点で日本は世界に冠たるホモ天国だから、日本に住みつく米国人の半分はホモ趣味への魅力だと、人類学者のシーラ・ジョンソンが『アメリカ人の日本人観』に書いています。

ようするに、ホモでないと出世できないブラック国家が日本。彼らはいわば特権階級なのです。米国のユダヤ・ホモ・ジャパンハンドラーとくんずほぐれつ相思相愛。しかもホモに付きものなのは「薬物」。なんとも日本的ではないですね。

ＢＦ　ヒースもイギリスの首相時代、そうした組織を通じて14歳の少年と寝て、それをビデオに撮影されて、イギリスを当時のＥＣ（ヨーロッパ共同体）へ参加させた。天下の大英帝国の独立を少年との性交で捨てたのです。

RK　ユダヤマフィアたちが、文字通り、そうやって「ハメて」奴隷にしているのです。

「ハザール＝サバタイ派マフィアの再興計画が進んでいます」

BF　サウジアラビアも酷いです。9・11の表のストーリーを信じても、9・11の実行犯19人のうち15人はサウジアラビア人で、テロに金を出しているのもサウジアラビアなのです。今、ナイジェリアのイスラム原理主義組織「ボコ・ハラム」が、ものすごく悪質な騒ぎをしていますが、お金はサウジアラビアから来ているという証言も出ていますし、IS（イスラム国）の潤沢な活動資金もそうです。イスラエルと同じ民族ですからね。イスラムのふりをしているだけで、同じマフィアのメンバーですから。この人たちはキリスト教徒のふり、イスラム教徒のふりと、いろいろなふりをしますが、水面下では全部同じマフィアなのです。

RK　ユダヤですね。

BF　そうして浮かんできたのが、ハザールです。それで一時、「ハザールマフィア」という言葉を使っていたのですが、カザフスタンという関係のない国の人からクレームが来たので、それで「サバタイ派マフィア」という言葉を使うようになりました。

RK　今のウクライナにあったハザール汗国《かんこく》ですね。この地域はイスラム教圏とキリスト教圏がぶつかり合う場所で、あの当時のことですから、イスラムに占領されればキリスト教徒は奴隷にされますし、逆にキリスト教圏に組み込まれればイスラム教徒は下手すれば異教徒として処刑される。そのため、同じ一神教であるユダヤ教に改宗する人が増えた。これが「アシュケナージ」と呼ばれるスラブ系のユダヤ人です。僕は、今のウクライナは、このハザール汗国の再興を目指し、ウクライナをアシュケナージ国家、つまりユダヤ国家を作ろうとしているのかと思っていました。

事実、ウクライナの大統領ペトロ・ポロシェンコは「隠れユダヤ人」です。先にも話したようにポロシェンコの父親はアレクセイ・ワルツマンなるユダヤ人で、妻の姓をとってポロシェンコと改名したぐらいですから。それと現在のウクライナ情勢でいうならば、ユダヤによるウクライナ乗っ取り作戦はもともと「ロシアのオウム真理教」で始められていたのです。つまり、オウムが日本でやろうとしたことをウクライナでもやろうとした。ようするに「ロシア国内のユダヤ人脈をオウムを使って組織化し、内乱やテロに従事させる」。

当時のエリツィン政権は、ボリス・エリツィンも本名がエルシュタインというユダヤ人です。旧ソ連の崩壊で、ロシアにおけるユダヤ支配を取り戻すことがエリツィン、いや、エルシュタインの役割だった。その証拠にエリツィン政権は、ユダヤ・オリガルヒと癒着し、ニューヨークのユダヤ人と直結したユダヤ傀儡政権でしかありません。だからオウムの皮をかぶったユダヤ人組織にも便宜を与え続けたのです。

しかし、オウム事件の発生でロシアのオウムは撤収します。さらにウラジーミル・プーチンはエリツィンの隠れユダヤという弱みを掴んで、言いなりにさせたうえで後継者に任命させました。

こうしてロシアから撤収したあと、オウムの残党はウクライナのシンフェロポリやモスクワ南方のウラジミール州などに拠点を作ります。その所在地は、見事にユダヤ・ハザール王国の版図《はんと》に一致しています。

ですから私は、ユダヤ権力はハザール・ユダヤ王国の再興を諦めてはいなかったんだな、と。今回のウクライナ政変は、ハザール・ユダヤ王国の再興を目的としているのだと考えているわけです。

〔解説〕**ハザール汗国**

7世紀から10世紀にかけてカスピ海の北からコーカサス、黒海沿いに栄えた遊牧民族の国家。10世紀になると衰退し始め、貢納国の離反やキエフ大公国、ペチェネグなどの外敵の脅威にさらされていった。965年、キエフ・ルーシの大公スヴャトスラフ1世の遠征で攻略され、事実上崩壊した。

BF　そのアシュケナージ系の人たちの分派に、本当の悪魔教徒たちがいて、それでハザールマフィアと呼んでいたのですが、民族学的な意味の「ハザール人」ではない。それでサバタイ派と変えたこともありました。ハザールを根拠地にした犯罪集団なので、今では「ハザールマフィア」に統一しています。実在したサバタイ教団はユダヤ教徒がイスラム教に改宗して、つまり、なりすまして乗っ取った。そのハザール民族の残党が国際犯罪ネットワークを作っているのです。それでサバタイ派マフィアと名付けました。

つまり、サウジアラビア王族も隠れハザール。イスラム教の聖地を支配していながら、ヤハウェという善である神様ではなくサタン、悪魔教徒なのです。

信じがたい話ですが、あの人たちいわく、ルシファーは堕天使で、本当はいい神様なのだ、というストーリーなのです。これも、あとでちょっと違うことが分かったんですが、とにかく、サウジアラビア王族は、もともとイスラム教徒じゃないのです。その証拠にイスラエルとの同盟関係にあります。アメリカに居るブッシュとか、ああいうナチスとも言えるグループですね。シオニストとナチスは同じですから。

「イスラエルはハザール汗国出自の改宗ユダヤ人のでっち上げ国家」

RK　同じように言えばIS（イスラム国）もそうですよね。ISの長官であるアル・バグダディは、モサドの工作員である本名サイモン・エリオットですし、ジョン・マケインの部下です。ちなみにマケインの部下には、さっきのアーミテイジもいます。

BF　イスラム国の戦闘員たちはコーランも持ち歩かないし、アラビア語もしゃべりません。英語でしゃべっています。

そもそもイスラエル自体が、このハザールマフィアたちによって、でっち上げられた国家です。現在のユダヤ人は、イスラエル人と言い換えてもいいですけど、彼らはヘブライ人ではない。古代、カナンの地で暮らしていたヘブライ人は、今のパレスチナ人です。イスラム教ができてから、そのまま改宗して、そこで暮らしていた。それをヘブライ人ではない、ハザールなどでユダヤ教に改宗したスラブ系のユダヤ教徒たちがキリスト教圏に散らばって、それでイスラエルを建国したのです。

日本に置き換えればこうなります。たとえば、中国のどこかの田舎の人たちを捉えて、「あなたたちは日本人です」と教育し始めて、「あなたたちの国の日本が奪われた、取り返しましょう」と言って、洗脳された中国人が突然大阪に上陸して、不動産を全部買い占めて日本人を追い出すということをやったんです。しかも欧米の最新兵器を使って武力で制圧した。元からいた日本人は怒りますよね。日本人だって、そうなれば故郷と祖国を守ろうと、自爆テロでも何でもして抵抗するでしょ。それがパレスチナ人です。

RK　このアシュケナージの問題は、ようやく多くの人が理解するようになりました。

〔解説〕アシュケナージ

ユダヤ系のディアスポラ（移民定住）のうち、ドイツ語圏や東欧諸国などに定住したユダヤ人、およびその子孫を指す。アシュケナージとセファルディーが今日のユダヤ社会の二大勢力であり、イスラエルでは一般にアシュケナージがヨーロッパ系ユダヤ人、セファルディーが中東系ユダヤ人を指す語として使われる。しかし、歴史や人種的な事実は不詳であり、現在も論争が絶えない。

BF　ただ、ハザールマフィアといってもサバタイ教団の残党もいますし、ハザール系の民族もいますが、それだけじゃない。サバタイやハザールという固有名詞では、何かズレてしまうんです。読者も、そのへんでなかなかイメージがしにくいという問題があります。

RK　ユダヤという枠組みでは大きすぎ、ハザールに絞ったけど、それでも大きく、サバタイでもしっくりこない、という感じですか。

BF　はい。もっと根っこのところで共通するものがあるはず、と考えて、中近東の歴史をもう一度、しっかり勉強し直しました。するとヨーロッパ言語を話した唯一の民族は「ヒクソス」という遊牧民族だったことが分かったのです。今、イスラエルに住んでいる人たちがしゃべっている言葉は、ヘブライ語です。ヘブライ語は、インドやヨーロッパの言葉で、ドイツの方言です。３５００

年前に存在していた、ユダヤという国の人たちは、今でもシリアやエジプトでしゃべる人が居ますが、アラマヤ語という全く違う言語なのです。日本語と英語ほど違う言語を使っているわけです。

RK　なるほど。古代ヘブライ人、つまり、パレスチナ人はアラマヤ語で、イスラエル人、つまりユダヤ人はヘブライ語を話している時点でハザール汗国の出身と分かります。ハザールはロシアによって滅ぼされ、その指導者たちがヨーロッパへ移動する過程でユダヤ教に改宗しました。その意味で、今のイスラエル人の多くの故郷、祖国はウクライナですから、今、ウクライナで騒ぎを起こして自分たちの国にしようとしているわけです。

BF　例えば、ポロシェンコというウクライナ大統領の本名はヴァルツマンで、アメリカとイスラエルの二重国籍です。政府の多くの人たちも、そうなのですよ。とにかく、この人たちが自分たちのマフィアによって世界独裁政府を誕生させるキャンペーンをやってきました。救世主をでっち上げて旧約聖書の世紀末を人工的に演出する計画、2012年に核戦争を起こして世界の50億人を殺そうという、文字通り、悪魔の計画でしたが、失敗に終わりました。

RK　「偽造ハルマゲドン計画」ですね。

ユダヤ教徒は、黙示録の記述を根拠にして、「中東にイスラエルが建国されれば、キリストが再臨する。自分たちだけがハルマゲドン＝最終戦争を生き残る」とキリスト教徒を洗脳してきたのです。そして、いまだに旧エルサレムのモリヤ山の頂上にイスラム寺院（「岩のドーム」）が存在する限り、イスラエルの建国は完成していないと喧伝しています。岩のドームを破壊し、そこに本来あるべきソロモン王の神殿（アークの安置場所）を建造しない限りは、再臨はないと……。つまり、ユダヤ人の積年の願望を達成するためにキリスト教徒を扇動して、結果的に、反イスラム闘争に引き込もうとしているわけですね。

「人工ハルマゲドン計画のための情報操作が繰り返されています」

RK　ということで、日本国内でも原始キリスト教の一派といわれる「キリストの幕屋」あたりが、イスラエルに肩入れして、エルサレムに、集団でだらしのない浴衣を着ていって街中を行進して、日本のイメージを壊したりしています。そのおかしな宗教の中核には、統一教会が工作員を送り込んで内部から操縦していると思われます。

一方で、米国ではプロテスタント指導者を統一教会が買収・洗脳して「キリスト教原理主義」的運動をさせています。おかげで、米国の原理主義者7000万人は、こぞって、イスラエルの中東侵略を礼賛しています。「キリストの再臨」のためなら、イスラムなどいくら虐殺されてもよいという発想なのです。

もちろん、キリスト教徒たちは、今でも金融ユダヤ人の用意したシナリオにまんまと騙されている状態です。彼らを覚醒させるためには、さらなる情報拡散が必要でしょう。

こういった経緯を頭に入れれば、「ハルマゲドン」「アセンション」といったユダヤ謀略の背後関係を理解できるでしょう。そして、彼らが「純粋水爆」という名の「21世紀のアーク」を使おうとしているであろうことも……。

〔解説〕人工ハルマゲドン計画

聖書に見られる「終末思想」に従って、人工的にハルマゲドン（最終戦争。世界の終末的な善と悪の戦争や世界の破滅そのものを指す）を起こそうとする一派が地球の人口を大幅に削減し、残された彼ら以外の人類をすべて奴隷化（羊人化）し、彼らにとっての「黄金の千年期」（「至福の千年」ともいう）を打ち立てるという秘密計画。そのためのプロパガンダとしてアセンション（地球の次元上昇）なる用語が提示され、ニューエイジ思想を盲信する人たちに支持されてきた。アセンションに乗じて彼らにとっての偽りの「地上天国」を作り、残された人類を意のままに操るためには、人工的にハルマゲドンを引き起こし、生き残った人類に「アセンションが起こった」と信じさせなくてはならない。そのための情報操作が主としてスピリチュアル系のメディアを利用して繰り返されている。

BF　はい。その計画を調べていたとき、信じられませんが、オバマがアンチ・クライスト《反キリスト》の悪魔にしてウィリアム王子を救世主＝メシアにするという案も聞いたことがあります。それでわざわざ一神教の間で戦わせて、世界統一宗教を作る計画を持っていました。

ＩＳのやっていることは、皆がイスラム教を嫌いになるようなことです。事例で言うと、中国人が日本人になりすまして、世界中の人間が日本人を嫌いになるような行為や発言ばかりしていますが、それがつまりはＩＳなのです。イスラムでもない人たちが、イスラムのふりをして、イスラムを皆が嫌いになります。子どもを生き埋めにしているとか、子どもを十字架に掛けているとか、他国の人を拉致して首を切るとか、明らかにイスラムを潰そうという意図を感じるわけです。インドネシアやマレーシアという、本当のイスラム国へ行けば、別に違和感はありません。サウジアラビアは異質なのです。

RK　僕も若いころ、商社マンとして赴任してマレーシアで暮らしていましたが、イスラムの人たちは別に悪い人たちじゃないですよ。思ったよりも戒律にルーズですし、イスラム圏だから不自由だといったこともなかった。そのへんは暮らしてみれば分かります。

BF　サウジの話が出たので続けますと、いま、サウジはイエメンと戦っています。イエメンというのはサウジアラビアの南にある国ですが、本来のアラブ民といえばイエメンなのです。１０００年前に既に12階建ての建物を造っていた人たちなのです。人口が多いわけです。サウジアラビアの王族は、田舎のラクダ飼いなのです。当時からいえば、非常に位の低い人たちです。もしあそこに油がなければ、時々餓死しているアラビア人に献金しなくてはいけないというニュースが出ているぐらいの人たちなのです。その人たちが、石油があるだけでアラブ社会に王様として君臨しているのです。

「隠れユダヤはヒクソス、彼らの正体をお話ししましょう」

BF　さっきの「隠れユダヤ」についてもボクがいろいろ調べたら、サウジの王族はイスラム教徒ではなくて、厳密にいうとヒクソスという民族なのです。

ここで少しヒクソスの説明をしたいと思います。ボクは長年、おかしなことばかりするのでアメリカは悪い国だと糾弾してきました。でも実際に会って取材すると、たいていのアメリカ人はいい人ばかりなので、もしかすると、アメリカ人ではない、「アメリカ人になりすました連中がいる」と考えて、「ユダヤ」をターゲットにしました。ところが、ここでもユダヤ人に会って取材すると、やはり、みんな真面目で正義感のある人たちなのです。

ちょっと違うのではないかと思って、もっと探ってエジプトの歴史を勉強しました。

それがヒクソスなのです。ヒクソスが歴史に登場するのは、エジプトの第二王朝を倒した征服民族として。ヒクソスは当時の先進国だったエジプトを100年間、支配しているのです。

もともとヒクソスは中近東あたりの遊牧民族のグループの一派です。家畜を扱う能力を持っている人たちで、ヒクソスの神様は、ヤギの顔をした二股の尻尾のある「セット」という名前です。要は悪魔崇拝です。この人たちの感覚では、一般人類は家畜、ゴイムというのは豚という意味なのです。自分たちが人類を家畜のように扱う帝王学を持っている人たちです。

そしてエジプト支配時代、エジプトの神様だったセト神と、そのセットを融合して、そうしてできたのがサタンです。セットからサタン。だからルシファーではないのです。ルシファーは堕天使で、イルミナティのグノーシス派では、このルシファーを信仰しています。「この世界が地獄なのは、創造主自体が悪魔だからであり、その悪魔と戦った神がルシファー」と考えるんですね。神と悪魔の価値が逆転しているわけです。

RK　ああ、なるほど。日本人的には永井豪さんの漫画『デビルマン』をイメージするとわかりやすいですね。悪魔なのに人間の味方になって悪魔のような神と戦うという漫画でした。

BF　それでイルミナティは、ヒクソスのサタンを見て、同じ「ルシファー」と考えたのか、そういって騙されたのか、わからないのですけど、サタンとルシファーは今でも同一視されています。そうしてヒクソスはイルミナティになりすまして、乗っ取ったのです。

歴史に話を戻すと、ヒクソスはエジプトから追い出されるのですが、ここにも面白いエピソードがあります。最後のヒクソスの王様は、アテンという名前でした。彼はエジプトに居たときに、妹と結婚して、いつも裸で庭をうろちょろして、楽しく、気持ちよく暮らしていました。それが戦争に敗れて追い出されてしまった。その裸の天国のようなガーデンのアテンという意味から、ガーデンのエデン、エデンの楽園から追い出された、と。つまりヒクソスの王様の歴史がいつの間にか一神教であるキリスト教の中心的な伝説になったわけです。この件は最近、いろいろな学術的証拠が発見されています。

この人たちがエジプトから追い出されて、ユダヤという国を作りました。そしてユダヤでも追い出されてウクライナに行ったのです。

RK ユダヤの国で奴隷にしていたヘブライ人は見捨ててカナンの地に残し、ヒクソスだけがウクライナに行って、今度は別の「ユダヤ人」を作ったというわけですか？ ヒクソスの新しい奴隷にするために。

BF その通りです。ヒクソスは、どんな権力でもうまい具合に潜り込みます。そういう技術や能力に長けた特徴があるのです。さらに暗殺と賄賂で社会を乗っ取る技を持っています。エジプト王朝を征服できたのも複合弓、コンポジットボウですね。これは普通の弓と違って動物の骨とか腱、あと木材、革などを組み合わせて反発力を変えるので、ものすごく強力な弓なんです。普通の弓と比べれば拳銃と大砲ぐらい威力が違います。しかも小さくて強力なので、圧倒的な武力を持っていたエジプトを少数で倒したのです。複合弓を発明したのはヒクソスだと、武器の歴史書に載っているほど有名です。ともかく、そうした武器などの技術がすごいのです。もしかするとヒッタイトの鉄製武器もヒクソスかもしれません。あと重火器も最初に導入した先進国はオスマン帝国でした。オスマンが突然、強くなったのは、銃で武装させた部隊を持ったからで、それでオスマンにやられたヨーロッパでも銃が導入されたのです。

RK　それが巡りめぐって日本の種子島に届いたというわけですか。やはり中近東が発祥ですね。まあ、現状に目を転じると、現在進行中のシリア泥沼内戦は、そもそもユダヤ人の領土野心が原因ですよね。

「シリア内戦＝大イスラエル捏造計画、私はそう分析しています」

RK　なぜ、ユダヤ米国はシリアの反体制派に肩入れし、子飼いのパン・ギムン国連事務総長を使って国連決議まで引っ張り出させてシリア政府を叩くのか？　連日のテロも政府側勢力の仕業ではなく、単にＣＩＡやモサドの偽装テロでしょうね。そこで私なりの分析を簡単に説明します。

ユダヤ人たちは、旧約聖書で予言されている「大イスラエルの建国」の実現を企図しています。「大イスラエル」とは東はユーフラテス川、西はナイル川までの広大な地域であり、いつかはユダヤ人の手中に落ちると彼らは頑なに信じています。創世記に「わたしはあなたの子孫に、この地を与える。エジプトの川から、あの大河、ユーフラテス川まで。ケニ人、ケナズ人、カデモニ人、ヘテ人、ペリジ人、レファイム人、エモリ人、カナン人、ギルガシ人、エブス人を」と記されているからです。

既に、ユーフラテス川の西側は、ユダヤ米国のイラク侵略でユダヤ人の手中に落ちました。北部クルド人地域の油田権益は、米イスラエル二重国籍者が奪取ずみです。そして、クルド人の中に少数存在するユダヤ教徒が、この地域の支配者となっていくでしょう。

さて、そうなると次はどうしてもシリアが欲しいのです。シリアにユダヤ傀儡政権を誕生させれば、残りは、エジプトのシナイ半島などです。これらの地域で反政府運動をユダヤＣＩＡが惹起しているのは、イスラム原理主義政権を次々と樹立させてイスラエルと対立させ、やらせ戦争で叩き潰した後にユダヤが支配するというシナリオがあるからでしょう。

また、サウジあたりの王族にも実はユダヤの血が入っているという話もあります。例えば、サウジ最大の建設会社、ビン・ラディン・グループは、米国ベクテル社と癒着して成長してきた企業ですが、オサマが隠れユダヤ人である以上、一族も同じでしょう。そういった「秘密」が王族にもあると思われます。

シリア内戦＝大イスラエル捏造計画とみなせばよい、私はそう考えています。

「サタン崇拝者が世界のリーダーに納まっているのです」

BF　もともとのユダヤ人、ヘブライ人は太陽の神を拝むエジプト人の奴隷だったのです。その太陽神をヒクソスは一神教にすり替えて自分たちの奴隷にしました。

メソポタミアの歴史を調べてみますと、昔の中近東では戦争に負けた部族に割礼《かつれい》するんですね。奴隷である証拠として、あそこの皮を切られてしまうわけです。そういう侮辱的な意味なのに、いまだにユダヤ人がやっているのは、今もヒクソスの奴隷民族だからです。

RK　割礼は奴隷の証拠であり、家畜の証明ですよね。

BF　だからユダヤ人の後ろに隠れているのは、人間を家畜化する技を持っている馬賊であるヒクソスなのです。ヒクソスの神である悪魔、セットのサタンは遊牧民族の神様なので、儀式などで必ず生け贄、血を求めます。モンゴルなどでの儀式では山羊や牛の仔を使いますが、彼らにすれば人間だって「羊人」という家畜です。当たり前のように生け贄に使ってきたわけですね。

RK　いやはやなんともオゾマしい限りです。胎児や子どもを殺して、その血を飲んだりさえするんですよね。ベンジャミンさんがおっしゃったように、だから悪魔教徒、サタニストたちなのです。そうして、自分たちが神の一族である証明をするわけです。

BF　実際、イスラエルでは4月3日から11日までユダヤの過ぎ越し祭りをしますが、その祭りの間に、ユダヤ教徒ではない人たちを殺す俗習があります。この過ぎ越し祭の期間中、何があったのかを調べれば一目瞭然で、たとえばケニアで１４７人殺したとか、いろいろと虐殺事件が起こっています。

本当に、サウジの王様もそう。イスラム教徒ではありません。ネタニヤフ総理もユダヤ教徒ではありません。ブッシュ、ロックフェラー、クリントンもユダヤ教徒ではありません。皆、サタン崇拝のヒクソスです。それが問題の根底です。

とはいえ、近年、ユダヤ人、つまりイスラエル人は自分たちがヒクソスの奴隷民族であった事実に気づくようになっています。暴露している人たちには、ユダヤ人が多いのです。ボクがユダヤという言葉を使わないのも、関係ない一般のユダヤ人を巻き込みたくないためなのです。だから最近は、ヒクソスとかハザールマフィアとか、いろいろと違う用語を試しています。とにかく、悪魔崇拝、サタンという神を崇拝する上層階級が問題です。

RK　ブッシュについては、僕が調べた範囲では、ちょっと違うこんな史実がありました。

17世紀にチェコのプラハで、ユダヤ人追放運動が起きたときに、マシャース・ブッシュという人がアメリカのフィラデルフィアに逃れたということです。ちょうどそのときが独立戦争だったということで、マシャース・ブッシュの息子たちがジョージ・ワシントンの副官として戦って負傷したということです。負傷した大尉か少佐ぐらい、もうちょっと上の階級かもしれませんが、その軍人さんの名前がジョージ・ブッシュだったということです。そのジョージ・ブッシュの名を今でも引き継いでいるという理解です。チェコに住んでいたアシュケナージだったのが、ブッシュ一族だという話でした。

「地震兵器を脅しの道具にしてヒクソスは悪事を遂行します」

BF　今の世界情勢で、いちばん注目しなければならないのはアメリカとイスラエルの戦争です。決裂だけではなくて、実際に戦争が起きているわけです。どういうことかといいますと、今、ヒクソスの悪魔教徒に対して、全面戦争が繰り広げられているのです。

表のニュースでは、アメリカ軍がイラクでＩＳと戦っているといいます。ところが、イスラエルとシリアの国境に配置している国連平和軍のレポートによると、ＩＳは完全にイスラエルの作り物だというのです。ＩＳを演出しているのはイスラエルだと現場にいる国連の兵隊さんが正式な報告書として出しているのですが、日本の新聞では書かないのです。ＩＳイコール、イスラエルだというのです。ＩＳと戦っているのは誰かというと、アメリカ軍、イラン軍です。だからイランとアメリカ対イスラエルという構図が見えてきます。

そして、どちらがシリアを奪うかで、戦っています。これはシリアがヒクソスの大本の地域だからでしょう。同じ悪魔崇拝、ハザール一族として奪還しようとしているわけです。

もう少し、世界情勢を整理しますと、今、このヒクソスの悪魔教徒、犯罪ネットワークのマフィアの関係者は、どんどん名前が出てきています。アメリカ、つまりワシントンDCを乗っ取ったのは、大体100万人ぐらいで構成される悪魔崇拝カルトなのです。ユダヤ教、キリスト教、イスラム教の裏に隠れています。

その一人にサド・アレンというランド研究所の人間がいます。ヒクソスの存在がペンタゴンにばれて追い詰められたので、サド・アレンはニュージーランドに行き、「私たちはそこに避難するからニュージーランドの南の島をよこせ」と要求しました。すると、彼と13人のアメリカの議員が去った次の日に、ニュージーランドで大型地震が起きました。

RK　3・11の直前に起こったカンタベリー大地震ですね。2011年3月8日に発生し、現地にいた日本人も28名、命を失いました。あれも地震兵器だったわけですね。

BF　そのサド・アレンは2014年、韓国にも脅しに行って、韓国はその脅しを無視してAIIB（アジアインフラ投資銀行）に加盟しました。結局、今、日本が入らない理由は、脅しと暗殺と賄賂ですね。基本的なメンバーがいるのです。例えば、笹川良平という政治家たちを賄賂漬けにする旧笹川財団のマフィアのような人もいます。マイケル・グリーン、リチャード・アーミテイジ、エイブラハム・クーパーなどです。マフィアたちとって末期症状となっていて、追い詰められて、やけっぱちになっているのです。

ソースのアメリカ軍人がこんな証言をしました。「たくさんの武器がイエメンで行方不明になっています」と。実は反サウジの軍隊に渡しているんです。ペンタゴンはサウジを見捨てて、イスラム教徒たちによってサウジの王家の解体をペンタゴンは認めて協力までしているのです。

こうした情勢の変化があったからアメリカとイランと和平交渉が始まったのです。その結果、イランの核開発についても解決しました。イランへの経済制裁も緩和しています。

これも30年前から日本のマスコミ、アメリカのマスコミは、イランはあと数カ月で核兵器を持つので攻撃しなくてはと、この30年間ずっとＮＨＫなどでニュースを流していたのに、そんな重大なニュースを誰も報道しないわけです。

「新聞は〝何が書かれていないか〟に注意して読んでください」

RK　ともかく、注目しなければいけない事件・事故は、日本では大手メディアが記事にしないのです。報道しない事柄を調べていくと、逆に今の世界の情勢がよく見えてきます。裏社会に都合の悪い記事は最小限に扱われ、続報もなくすぐに消えます。まさに「ブラック国家・日本」の象徴的な事態です。今後、新聞を読むときは、「何が書かれていないか」を読むことにしましょうよ（苦笑い）。

それはともかくとして、その意味でユダヤ・マフィアにしてみれば一番の元凶は中国ですよね。中国が始めたＡＩＩＢです。その親分は習近平です。習近平を暗殺しようとしませんかね。

実は最近6回も試みているのです。それが分かってきました。習主席をターゲットに、爆弾テロ、毒殺未遂、計6回という説が流れています。どうも、江沢民や周永康といった、失脚した上海派閥が裏で動いているようです。つまりＣＩＡです。だから今、必死になって習近平を消そうとしているのです。そうしないと、このＡＩＩＢによってアメリカ、つまり、ユダヤ資本は完全に追い詰められてしまうということなのです。

「今が最後の踏ん張りどころ、人類幸福の革命を起こしましょう」

BF　ローマ教皇も替わりました。ベネディクト、前の教皇はダースベイダーです。悪魔教のカルトという暗黒面《ダークサイド》に落ちていました。このベネディクト時代のイエズス会のトップはピーター・ハンス・コルベンバックでしたが、ドイツ系の人間で、イギリスの総理はトニー・ブレアですが、完全にナチスのエージェントでした。ブッシュは、もともとはドイツ系の民族です。コシミズさんによればチェコ系のドイツ人でしょう。この連中が第三次世界大戦をでっち上げて、人類の9割を殺戮するという計画を実行しようとしていたのです。

ですが、ペンタゴンが中国とロシア相手の戦争をシミュレーションしてみると、模擬戦を9回やって9回とも負けてしまったのです。しかも、原子爆弾を全て使うと世界の人口の9割が破滅するわけです。そうなりますと、ペンタゴンは、この計画には乗らないと拒絶しました。どうして、そんなばからしい勝者のいない戦いをやらなくてはいけないんだ、と怒ったわけです。

そのためにブッシュが大統領になったときに傭兵会社を作ったのです。後にブラックウォーター、アカデミー、今は「Xｅ」ですか。いろいろ名前を変えて、誤魔化そうとしていますが、正規軍が言うことを聞かないので強力な民間軍事会社を作ってなんとか第三次世界大戦を引き起こそうとしたのですが、裏でやはりこれはおかしいと気づいた人たちが動いて、この計画を潰していきました。

まずはローマ法王が辞めさせられました。ローマ法王が任期途中で辞めたのは７００年ぶりのことで、欧米ではとても大きな事件です。

ローマ教皇は欧米社会ではすごく権威があります。たとえばイラク戦争の後に大統領の任務が終わった際、ベイビー・ブッシュはローマ教皇ベネディクトと30分間、二人きりで会談し、その後、トニー・ブレアもローマ教皇と同じく30分間話しています。ローマ教皇の上には「Ｐ２ロッジ」がありますイタリア・フリーメイソンで、カエサル（皇帝）の血を受け継いだ、欧米の王族を支配する本当の権力があります。だから、その時点では、第三次世界大戦はやってもよい、と考えられていたわけです。

そのローマ法王が生前に辞めさせられて、ピーター・ハンス・コルベンバックも辞めさせられた。だから、この計画が頓挫したと分かるわけです。

それだけでなくフランシスコという南米出身の教皇が誕生して、この新教皇は、すぐに南米のドラッグ問題に取り組み、ブッシュの犯罪ネットワークを潰しました。さらにバチカンに巣食っていた児童虐待ネットワークも洗いざらい暴露されて、みな賠償金を払って、枢機卿たちをクビにして、ヒクソスの勢力をパージしています。さらにバチカン銀行のトップの5人のうちの4人がクビになりました。バチカン銀行には世界中の、例えば安倍総理のような役者大臣の賄賂口座が入っていたのですが、それらも全て閉鎖されました。そのこともすごく大きな変化なので、裏では何かが変わったと分かるのです。

RK　なるほど、バチカン関連の情報には、日本人は疎いですよね。すごい情報です。そういうふうに新教皇を読み解くわけですね。

ともかく、ハザールであれ、サバタイ派マフィアであれ、そしてヒクソスであれ、名称はともかく、そんな連中の支配がなくなれば、本来、人類が必要としている素晴らしい技術が、たくさん隠されているので、表に出てくるはずです。僕が以前から注目している「常温固体核融合」などをはじめ、まったく新しいエネルギーが実用化されて、フリーエネルギーが当たり前になるでしょう。そうすると本当に人類は石油に依存しなくて済んで、二酸化炭素をたくさん出さなくてもよくなるし、病院は要らなくなるし、モンサントの農薬を使わなくても美味しい野菜は大量生産できるようになるし、全てにおいて新しい展開があります。かつての産業革命のような、本当に人類を幸せにする革命が起きるはずです。僕は、ただただ、それを願っています。ベンジャミンさんもそうですよね。

BF　はい。今が最後の踏ん張りどころです。

RK　10年前と違って、自分たちが話してきたことが次から次へと「事実」だと証明され、多くの人々に信じてもらえる。だから、本当にやりがいがあります。世界が変わろうとしている実感が生まれてきましたからね。2016年以降もそうなることを願っています。

STD OPEN AF9.30m
Z29.3mm

TC 14:33:37.
残 1時間41分

◉著者について

リチャード・コシミズ
Richard Koshimizu

知性と正義を唯一の武器とする非暴力ネット・ジャーナリスト。1955年東京生まれ。青山学院大学経済学部卒業後、商社勤務を経てジャーナリスト活動に入る。オウム事件、911テロ事件、衆参院選の不正選挙、さらには巨大宗教団体の背後のユダヤ金融資本勢力の存在を追及して旺盛な言論活動を展開、ウェブサイトは1億7000万超アクセスと絶大な支持を受けている。

リチャード・コシミズ・ブログ
http://richardkoshimizu.at.webry.info/

ベンジャミン・フルフォード
Benjamin Fulford

1961年カナダ生まれ。外交官の家庭に育ち、19歳で来日。上智大学比較文化学科を経て、カナダのブリティッシュ・コロンビア大学を卒業。米経済誌『フォーブス』アジア太平洋支局長を経てフリーランス・ジャーナリストとして活躍中。2007年、日本に帰化。グローバルな情報網を駆使して経済・社会・国際関係を鋭く分析した記事に定評がある。

ベンジャミン・フルフォード公式サイト
http://benjaminfulford.typepad.com/

日本《にほん》も世界《せかい》も
マスコミはウソが9割《わり》

出版《しゅっぱん》コードぎりぎり［FACT《ファクト》対談《たいだん》］

◉著者
リチャード・コシミズ
ベンジャミン・フルフォード
◉発行日
初版第1刷　2016年5月25日

◉発行者
田中亮介

◉発行所
株式会社 成甲書房

郵便番号101-0051
東京都千代田区神田神保町1-42
振替00160-9-85784
電話 03(3295)1687
E-MAIL　mail@seikoshobo.co.jp
URL　http://www.seikoshobo.co.jp

◉印刷・製本
株式会社 シナノ

Printed in Japan, 2016
ISBN978-4-88086-339-9